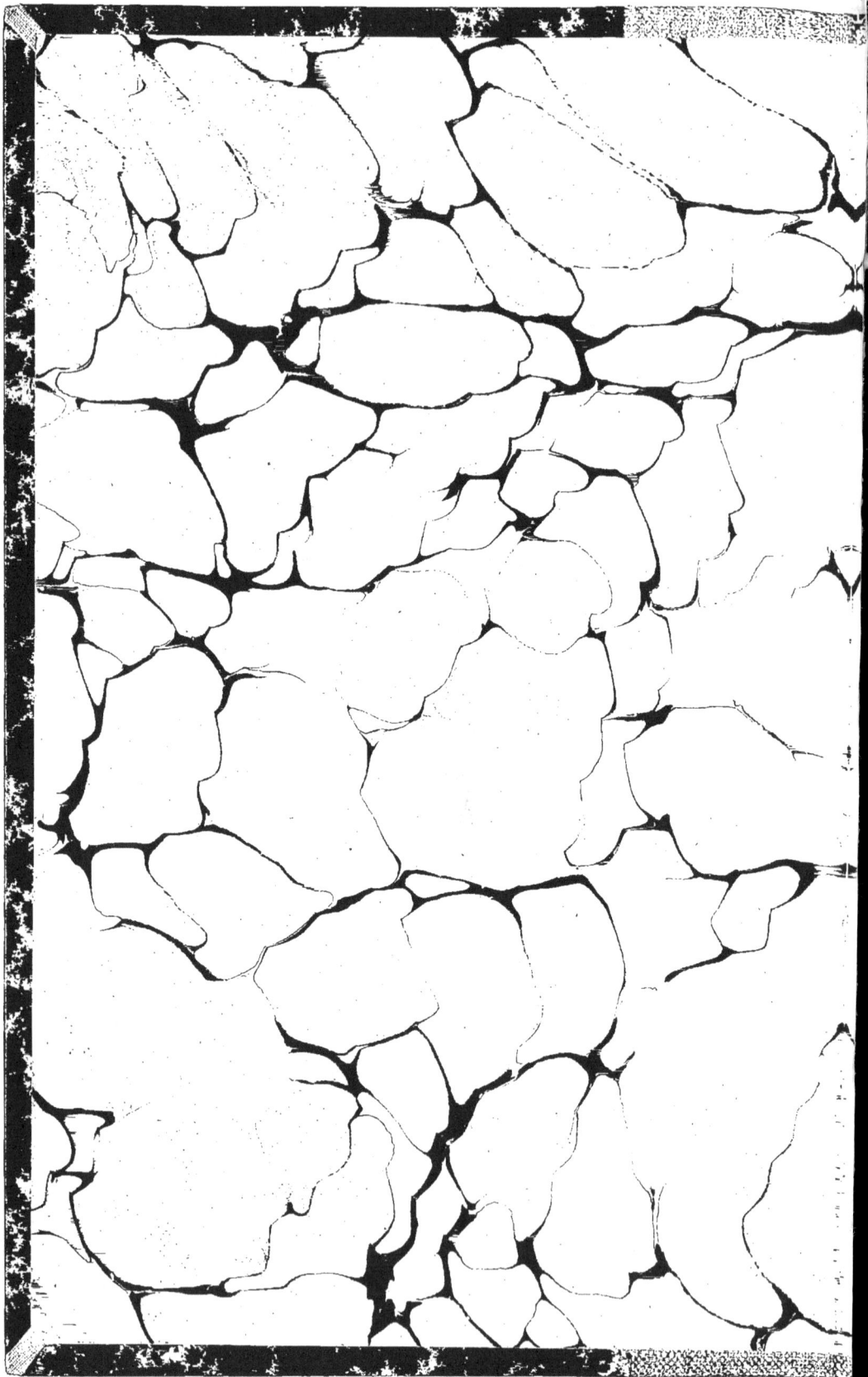

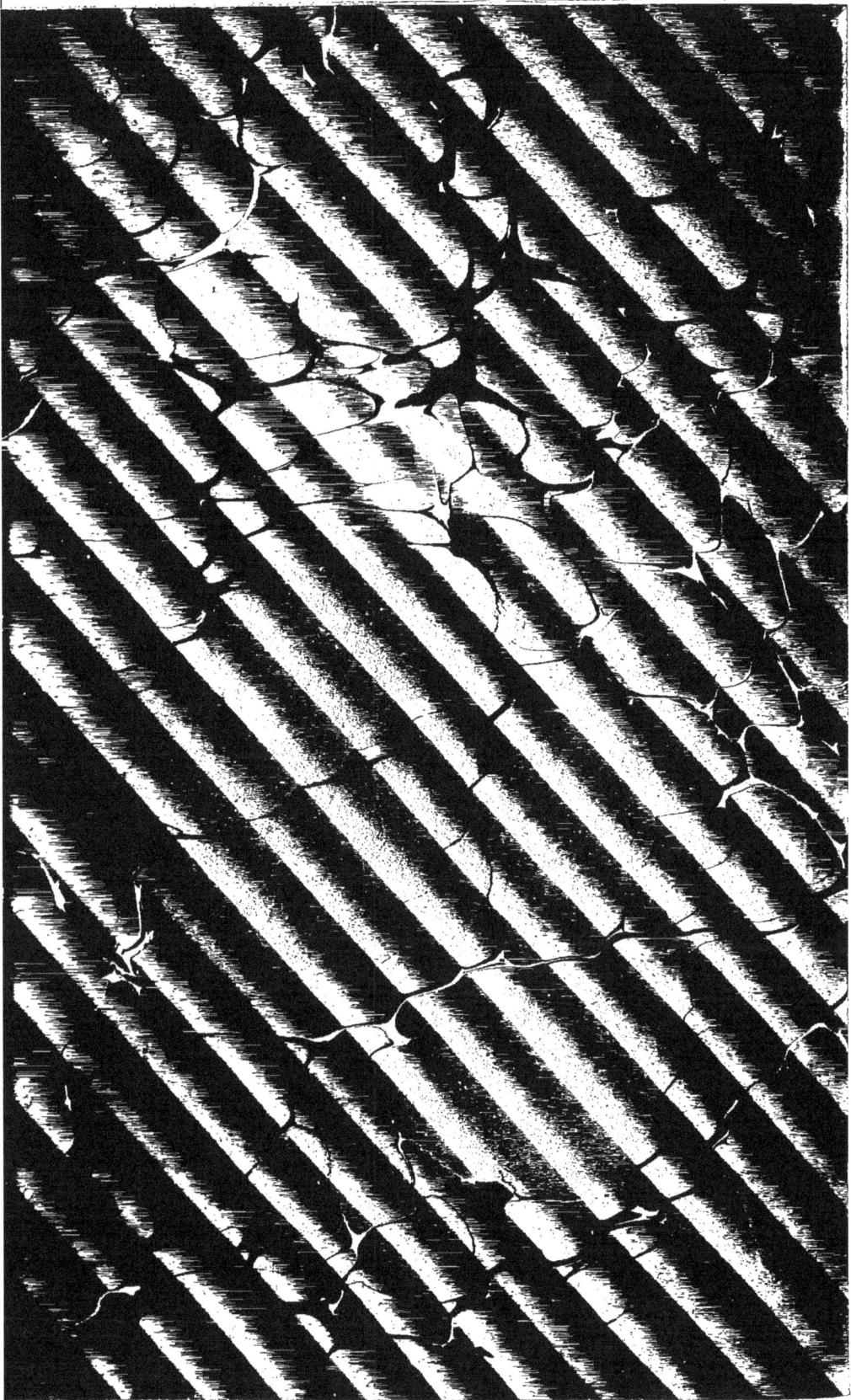

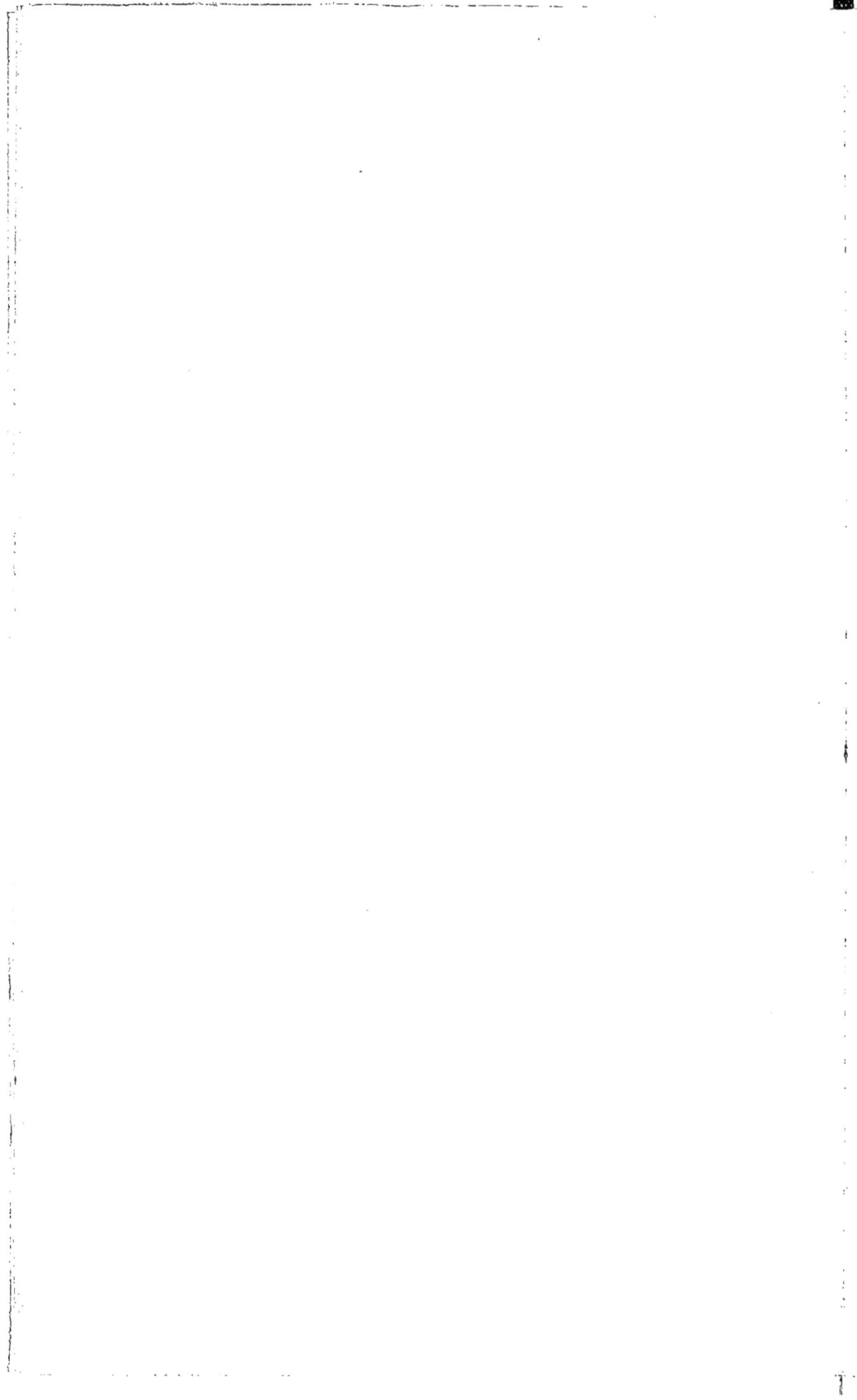

DE LA CESSION

DES CRÉANCES

EN DROIT ROMAIN ET EN DROIT CIVIL FRANÇAIS

PAR

EUGÈNE BOMBOY

DOCTEUR EN DROIT, AVOCAT A LA COUR D'APPEL DE PARIS
LAURÉAT DE LA FACULTÉ DE DROIT D'AIX (Concours de 1874)
LAURÉAT DE LA FACULTÉ DE DROIT DE PARIS (Concours de 1875)

PARIS

TYPOGRAPHIE N. BLANPAIN

7, rue Jeanne, 7

1877

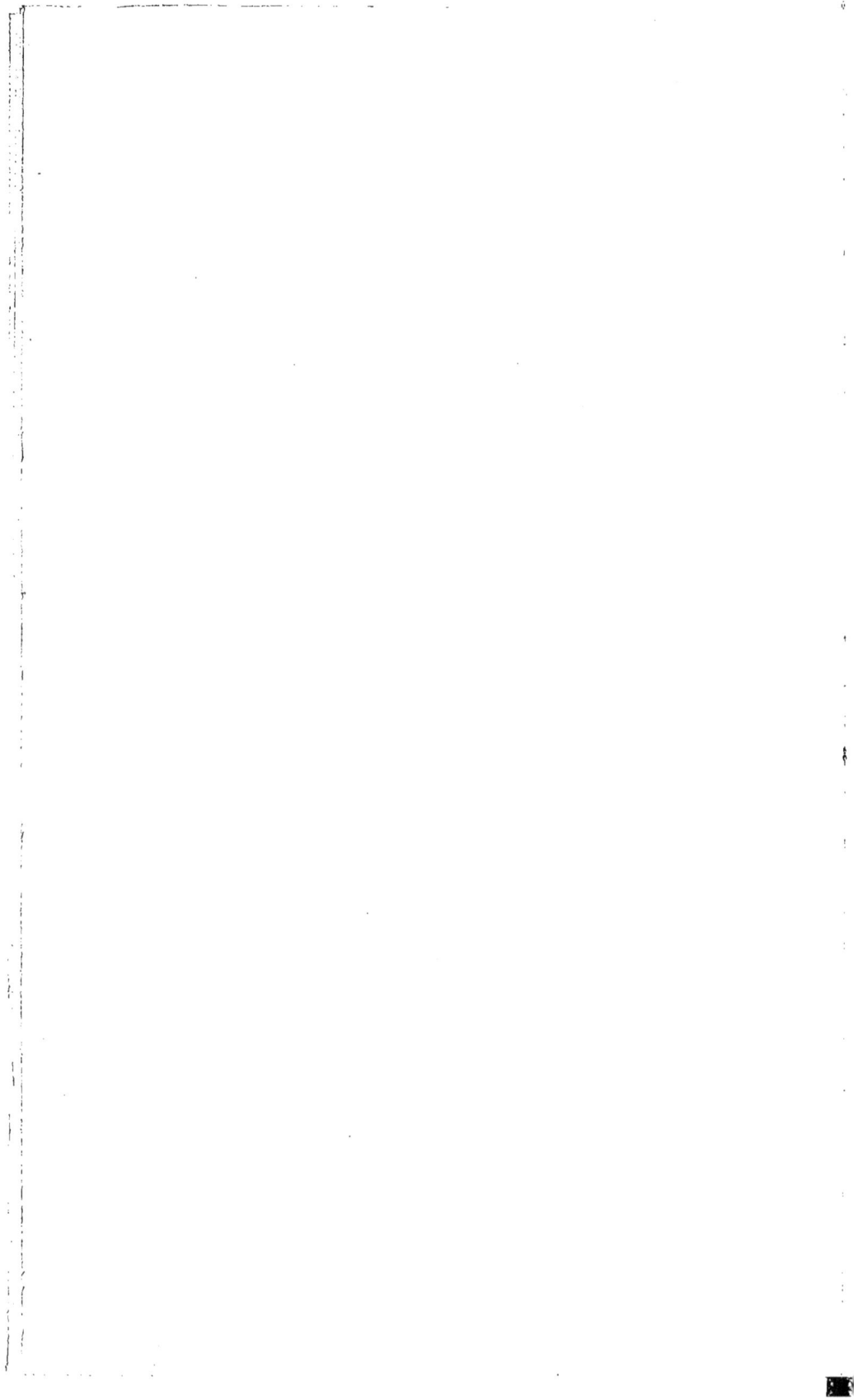

DE LA CESSION

DES CRÉANCES

EN DROIT ROMAIN ET EN DROIT CIVIL FRANÇAIS

PAR

EUGÈNE BOMBOY

DOCTEUR EN DROIT, AVOCAT A LA COUR D'APPEL

LAURÉAT DE LA FACULTÉ DE DROIT D'AIX (Concours de 1874)

LAURÉAT DE LA FACULTÉ DE DROIT DE PARIS (Concours de 1875)

PARIS

TYPOGRAPHIE N. BLANPAIN

7, rue Jeanne, 7

—

1877

©

A LA MÉMOIRE DE MA SŒUR CHÉRIE

AUX PERSONNES QUE SA MORT A JETÉES DANS LE DEUIL

> « Comment, après cela, peut-on aimer
> une vie si pleine d'amertume et sujette
> à tant de calamités et de misères ?
> Comment peut-on l'appeler vie, elle qui
> engendre tant de morts... ? »
>
> *(Imitation de Jésus-Christ*, liv. III,
> chap. xx, n° 4.)

DROIT ROMAIN

DE LA CESSION DES CRÉANCES

CHAPITRE PREMIER

DU PRINCIPE DE L'INCESSIBILITÉ DES CRÉANCES

Le transfert des créances, en droit romain, es
une de ces questions qui s'imposent par leur importance à l'attention du jurisconsulte et qui dé-
couragent les efforts par leur obscurité. « Aujour-
d'hui encore, comme le dit excellemment M. Gide,
malgré les progrès qu'a faits la science du droit
romain, depuis la découverte de Gaius, le transport des obligations est resté au nombre de ces
théories ténébreuses qui font la terreur des élèves
et le désespoir des maîtres. » (*Revue de législ.*,
ann. 1874, p. 33.) Tandis que la transmission des
droits réels n'a jamais fait l'objet d'aucun doute
et que la certitude de ses procédés a même toujours existé, on a longuement disserté sur l'aliénabilité ou l'inaliénabilité des créances.

B.   1

Jusqu'à ces derniers temps, il était universellement admis que les droits personnels, à la différence des droits réels, ne pouvaient être transmis
d'un patrimoine à un autre. Aujourd'hui, les interprètes sont plus divisés; des auteurs allemands
(MM. Brinz Kritische Blatter, n° 2, 1852, *de Sal-
pius Novation und Delegation*, 1864, p. 341) ont
combattu le principe de l'incessibilité, et leurs
idées savamment développées par un des plus
éminents professeurs de la Faculté de droit de Paris, M. Gide, n'ont pas été sans faire de nombreux
prosélytes.

On ne peut pas dire cependant qu'elles aient
triomphé de toutes les résistances. En ce qui nous
concerne, nous persistons à croire que la règle
aujourd'hui admise de l'aliénabilité des créances
n'a pas été connue des Romains, car ces derniers,
à tort comme nous le démontrerons plus loin, con-
sidéraient que l'obligation est un rapport établi
entre deux personnes, qui en sont les termes inva-
riables et nécessaires. C'est à justifier cette proposition que nous allons nous appliquer tout d'a-
bord. Mais auparavant, il nous faut éliminer quelques cas qui ne sauraient souffrir de difficultés et
qui seraient ailleurs une cause d'embarras.

1° Les créances sont susceptibles de transmission à titre universel. Ainsi les héritiers succèdent
non-seulement aux droits réels qui se trouvent
dans le patrimoine de leur auteur, mais encore à
ses droits personnels, à ses droits de créance.

Ce résultat d'ailleurs est absolument conforme aux principes, et ne saurait en rien faire échec à la doctrine de l'inaliénabilité que nous voulons défendre ; en effet, à quel titre l'héritier recueille-t-il les droits du défunt ? Ce n'est pas en vertu d'une qualité indépendante de celle du *de cujus*, c'est comme continuateur de sa personne. On ne peut donc pas dire qu'il y a là une transmission de créances, puisque le créancier défunt continue, au point de vue juridique, à vivre dans la personne de son héritier.

De même au cas d'adrogation, l'adrogeant succède à l'universalité des créances de l'adrogé : « Si paterfamilias adoptatus sit, omnia quæ ejus fuerunt et adquiri possunt tacito jure ad eum transeunt qui adoptavit. » (l. 15, D., liv. I, t. VII. — Gaius, III, 83 et suiv.) Mais ici encore l'explication est facile; par l'adrogation, l'adrogé est réputé avoir toujours été sous la puissance de l'adrogeant et en conséquence les acquisitions qu'il a faites ont eu lieu au profit de ce dernier.

2° Les créances peuvent être acquises, par l'intermédiaire d'un fils de famille ou d'un esclave. Il n'y a même pas là, comme dans le cas qui précède, une véritable transmission. Le fils de famille qui stipule n'agit nullement dans son intérêt personnel; les effets du contrat ne se réalisent pas dans sa personne, mais dans celle du *paterfamilias*, qui est réputé y avoir figuré lui-même. (L. 45, pr., § 1, *De verb. oblig.*)

3º Le principe de l'incessibilité des créances, contraire, nous le reconnaissons, aux nécessités de la circulation commerciale, a été tourné en fait, sous le régime des actions de la loi, par la *delegatio*, et par la *procuratio in rem suam* sous l'empire de la procédure formulaire.

Arrivons maintenant à la discussion qui se pose en ces termes : Les créances sont-elles aliénables?

Pour l'affirmative, on commence à raisonner au point de vue du droit naturel, et nous ne faisons pas difficulté de reconnaître que, sur ce terrain-là, nos contradicteurs ont raison. Il est, à notre avis, parfaitement exact, comme le soutient avec beaucoup d'autorité M. Gide, qu'il n'y a guère plus de raison d'empêcher le transport d'un droit personnel que d'un droit réel; c'est pour ce motif que nous avons, plus loin, approuvé le principe de l'aliénabilité des créances posé par l'article 1689 du Code civil.

En second lieu, nous convenons que la règle contraire est un obstacle des plus regrettables au développement des intérêts commerciaux. Mais il nous semble que là n'est pas la question ; il ne s'agit pas d'examiner en effet si le système qui proclame le principe de la cessibilité est supérieur, au point de vue pratique et même au point de vue théorique, au système de l'incessibilité. Le point uniquement en litige est de savoir s'il a été admis ou repoussé par la législation romaine. C'est donc à l'interprétation des textes qu'il faut demander la solution du problème.

Et d'abord, tout le monde admet que la *dele-gatio* et la *procuratio in rem suam*, servaient à donner aux tiers que, pour les facilités du lan-gage, nous appellerons cessionnaires, des droits de créances identiques à ceux qui appartenaient au cédant; mais, contrairement à nos adversaires, nous pensons que c'étaient des procédés purement indirects d'arriver au transport des créances, et non pas un moyen normal, jouant, dans la trans-lation des droits personnels, le même rôle que la tradition dans le transfert des droits réels.

La principale raison du désaccord que nous si-gnalons, est dans la façon différente dont nous comprenons les effets de la novation.

Suivant M. Gide (*Revue de Législation*, 1870-71) la novation n'a pas, en droit romain, des effets identiques à ceux du droit français; le nom seul est le même, la chose est absolument différente.

« Entre la loi romaine et la nôtre, voici quelle est la différence: Chez nous, chacun de ces actes où l'on remplace un contrat par un autre, con-stitue, de l'aveu de tous, une novation proprement dite; chez les Romains, au contraire, *jamais* aucun de ces actes n'a été qualifié de novation, ja-mais les règles de la novation ne lui ont été appli-quées. Allons plus loin: jamais il n'est venu à la pensée des jurisconsultes romains de grouper ces divers actes sous un nom particulier, en une place à part, et d'en faire l'objet d'une théorie spéciale. » Ainsi, pour le savant auteur, la novation n'est pas le remplacement d'une créance ancienne par une créance nouvelle; qu'est-ce donc alors? La réponse ne se fait pas attendre : « Stipuler ce qui est dû, voilà la novation romaine..... Aux yeux d'une telle loi, une obligation qui a changé de forme est une obligation renouvelée, et la novation n'est qu'une *transformation*, dans le sens littéral du mot. »

Cette donnée admise, on voit comment on arrive au principe de la cessibilité des créances. En effet, quand la novation se fait par changement de créancier, dans le cas d'une *delegatio*, si la créance du délégant n'est pas éteinte, comme on le prétend, il en résulte qu'elle a passé d'une personne à une autre personne; en d'autres termes, il y a eu transport.

Pour justifier cette opinion, on se fonde sur la définition de la novation que nous trouvons dans la loi 1, *de novationibus*. « Novatio est prioris debiti in aliam obligationem transfusio atque translatio. » Ces mots indiquent clairement que les effets de la novation s'expriment dans une œuvre de transformation; la forme seule est nouvelle, le fond n'est pas changé. Ce qui concourt d'ailleurs à fortifier cette doctrine, c'est ce texte de Gaius : « Obligationes quoquo modo contractæ nihil eorum recipiunt : nam quod mihi ab aliquo debetur id si velim tibi deberi, nullo eorum

modo quibus res corporales ad alium transfe-
runtur id efficere possumus, sed opus est ut, ju-
bente me, tu ab eo stipuleris ; quæ res efficit ut a
me liberetur et incipiat tibi teneri ; quæ dicitur
novatio obligationis. Sine hac vero novatione,
non poteris tuo nomine agere ; sed debes ex personâ meâ, quasi cognitor aut procurator meus,
experiri. » (Com. II, 38, 39.)

Quelle est en effet la pensée de Gaius? Après
avoir donné les procédés, au moyen desquels se
réalise la translation des droits réels, il passe à la
question du transport des créances. Or, loin de
dénier à celles-ci le caractère de la transmissibilité,
il dit seulement que la cession s'opère, non pas, il
est vrai, de la même façon que pour les droits
réels, mais par le moyen d'une novation, laquelle
résulte soit d'une *stipulatio* soit de la *litiscontestatio.*

Et ce qui établit d'une manière irréfragable que
tel est bien le sentiment du jurisconsulte, c'est que
la première condition qu'il exige de la novation est
la persistance, dans la nouvelle obligation, de
l'objet de l'ancienne :« Præterea novatione tollitur
obligatio, veluti si quod tu mihi debeas, a Titio
dari stipulatus sim. » (Gaius, C. 111, § 176). Or, si
la novation était tout à la fois créatrice d'une obligation nouvelle et extinctive de l'ancienne obligation, pourquoi ne serait-elle pas possible, quand
la stipulation a pour objet un avantage différent?
— En résumé, la novation est à la translation

des créances, ce que la tradition est à la translation de la propriété; c'est un procédé indispensable, une forme nécessaire pour la transmission
des droits personnels. Mais elle n'éteint rien, elle
ne crée rien.

Quelle que soit la valeur de ces raisons, nous
ne pouvons les admettre. L'idée générale sur laquelle repose le système tout entier est, à notre
avis, une erreur fondamentale; il n'est point vrai
de dire que la novation laisse subsister, au profit
du cessionnaire, l'ancienne obligation; sur ce
point, nous avons] des textes trop formels, qui
sont la preuve du contraire.

L'effet extinctif de la créance novée est considéré par les jurisconsultes comme absolu, aussi
pleinement absolu que celui produit par le paiement lui-même. Scævola nous dit en effet : « Quæsitum est, an si respublica, conditionibus tes-
tamento adscriptis, posteà non paruerit, legatum
ad filios heredes pertineat? Respondit rempubli-
cam voluntati testatoris compellendam parere : ac
nisi faciat, in his quidem summis, quæ per *nume-
rationem vel per stipulationem* solutæ sunt utili
repetitione heredes adjuvandos. » (L. 21, § 3, D.,
De annuis legatis et fidecom.)

Nous retrouvons la même idée, le même rapprochement entre la novation et le payement, dans
un passage de Venuleius : « Novatione quoque li-
berare eum ab altero poterit, cùm id specialiter
agit; eo magis eum eam *stipulationem similem esse*

solutioni existimemus... » (L. 31, § 1, D., *de Novat. et delegat.*)

Et ce qui prouve mieux encore, si la chose est
possible, que la novation éteint l'ancienne obligation, ce sont les conséquences auxquelles arrivent les jurisconsultes, et que, pour ne pas antici-
per sur nos explications ultérieures, nous ne
pouvons donner ici.

Quant à la persistance de l'objet que nos adversaires nous opposent, comme une condition requise pour l'existence de la novation, est-elle
absolument nécessaire? Sans doute, il y aura novation, quand la stipulation portera sur la chose
comprise dans l'ancienne obligation. Mais ce n'est
pas à dire pour cela que la novation n'existera pas
lorsqu'on stipulera un autre objet que celui dont
nous parlons, si d'ailleurs les parties ont l'*animus
novandi*.

Nous ne contestons pas qu'il y ait des textes
contraires à cette solution (l. I., pr., D. et l. 4.,
de Nov.); cependant il en est d'autres qui nous au-
torisent à l'admettre.

Le jurisconsulte Paul supposant qu'un citoyen
a tué son esclave, après l'avoir vendu, dit :« Effec-
tus hujus institutionis ille est ut adhuc homo
peti possit. Sed et acceptum ei posse fere creditur,
et fidejussorem accipi ejus obligationis nomine. No-
nari autem an possit hæc obligatio, dubitationis
est; quia neque hominem qui non est, neque pecu-
niam quæ non debetur stipulari possumus. Ego

puto *novationem fieri posse*, si hoc actum est inter partes sit : quod et Juliano placuit.» (L. 91, § 6, *de verb. oblig.*) Ainsi, de l'avis de Paul et de Julien, la novation se produit, même au cas de changement d'objet; il est bien vrai qu'il y avait doute « *dubitationis est* », mais la question est tranchée dans le sens du système auquel nous nous rallions. Dira-t-on que l'opinion des deux grands jurisconsultes ne suffit pas pour faire tomber l'objection? Mais, pour raisonner ainsi. il faudrait prouver tout d'abord la valeur de celle-ci, et nous ne savons pas même par qui elle a été proposée.

Il nous paraît donc préférable de nous en tenir non pas à la question posée, mais à la solution qui y a été donnée par Paul et Julien, d'autant plus qu'elle est justifiée par un passage de Papinien, dont personne ne contestera la netteté : « Fundum Cornelianum stipulatus, quanti fundus est, postea stipulor ; si *non novandi animo* secunda stipulatio facta esset cessat novatio : secunda vero stipulatio tenet, ex qua non fundus sed pecunia debetur. » (L. 28, D., *de Nov.*) Tout dépend donc, pour savoir s'il y a ou non novation de la volonté des parties. Ont-elles l'*animus novandi* ? Dans ce cas, la novation se produit sans qu'on ait à se demander si l'objet dé l'ancienne obligation a passé dans la nouvelle : « Et, ait Celsus, novationem fieri, si modo id actum sit ut novetur. » (L. 8, § 2, *de Nov.*)

Et maintenant, de quelle valeur sont les objections tirées du texte de Gaius que nous avons cité (C. III, § 38 et 39) ? Si la novation, comme nous croyons l'avoir démontré, est réellement un moyen d'éteindre et de créer en même temps des obligations, c'est à tort que nos adversaires lui attribuent l'effet de transmettre les créances : Donc les droits personnels sont inaliénables, et c'est seulement par des moyens détournés qu'on est arrivé dans la pratique à Rome, à concilier les intérêts qu'on croyait être ceux de la logique, avec les exigences du commerce. En fait on a abouti à des résultats à peu près identiques à ceux du transport des créances par le double procédé de la *delegatio* et de la *procuratio in rem suam*, que nous allons étudier.

CHAPITRE II

DES PROCÉDÉS AU MOYEN DESQUELS LES ROMAINS ONT FAIT ÉCHEC AU PRINCIPE DE L'INCESSIBILITÉ DES CRÉANCES, OU DES CONDITIONS DE FORMES NÉCESSAIRES POUR COMMERCER SUR LES CRÉANCES.

SECTION PREMIÈRE

DE LA DELEGATIO

C'est la novation par changement de créancier : « Species novationis quæ fit interventu novæ personæ, quæ debitum suscipiat. » (Pothier., *Pand.*;

Just., *de Nov.*) Cette définition ne saurait être acceptée que sous le bénéfice d'une observation. La délégation, consistant dans un mandat, il faut pour la novation, que l'exécution en soit réalisée ; en d'autres termes, il est nécessaire que la stipulation novatoire ait eu lieu. Même, dans certains cas, il est possible que la délégation, après l'accomplissement du mandat, n'emporte pas novation. C'est ce que nous lisons dans un texte de Tryphonius : « Si Titius donare mihi volens, *delegatus* a me creditori meo stipulante spopondit...» (l. 33, *de Nov.*) Ici, Titius n'a jamais été obligé envers moi et cependant je le *délègue* à mon créancier, sans que pour cela il y ait novation. Mais il en est autrement quand la délégation a pour but de porter remède aux conséquences du principe de l'inaliénabilité des créances. Pour que le délégataire devienne créancier, dans cette hypothèse, il faut que les droits du délégant s'éteignent par le fait de la stipulation. Relativement à la forme de la délégation, Gaius (Com. § III, 76) nous donne la formule suivante de la stipulation : « Præterea novatione tollitur obligatio; veluti si quod tu mihi debeas, a Titio dari stipulatus sim. » Mais cette formule n'est pas exclusive ; ce qui le prouve, c'est la l. 8 C. *de sol. et lib.*

Sous l'empire de l'ancien droit romain, dans la période des *legis actiones*, la délégation fut le seul moyen de commercer sur les créances. C'était un système bien imparfait.

D'abord, et c'est ici le plus grave reproche que nous ayons à adresser, tant que le débiteur n'avait pas accepté le mandat de s'obliger envers le cessionnaire, celui-ci n'avait aucun droit ; le concours du délégué était donc absolument indispensable. En second lieu, la délégation même exécutée par l'engagement du débiteur ne plaçait pas le délégataire dans une position aussi favorable que celle précédemment occupée par le délégant. Nous savons en effet que la créance, engendrée par la stipulation novatoire, n'était pas la créance ancienne ; celle-ci avait été complétement éteinte par la création de droits nouveaux, et en conséquence les accessoires qui garantissaient le délégant ne passaient pas aux mains du délégataire. C'est ainsi que les adpromissions, les hypothèques et les priviléges étaient autant de sûretés perdues pour ce dernier.

Paul nous dit en effet : « Novatione legitime facta, liberantur hypothecæ et pignus, usuræ non currunt. » (L. 18, *de Nov.*). De même, dans la l. 29, *de Nov.*, nous retrouvons la même idée.

Mais remarquons que rien n'empêchait les parties qui voulaient maintenir les sûretés accessoires, de les rattacher à la nouvelle créance par une convention spéciale ; les *adpromissores* devaient renouveler leur promesse et un pacte fait *in continenti* suffisait pour donner au nouveau créancier les droits de gage et d'hypothèque, qui

appartenaient à l'ancien. (L. 11, § 1, *de Pign.*
act.; l. 21 pr., *Qui pot. in pign.*)

Réciproquement le débiteur ne pouvait plus
opposer au cessionnaire les exceptions au moyen
desquelles il aurait pu paralyser l'action du cédant. Cela résulte de plusieurs textes, sur le sens
desquels il ne peut y avoir aucun doute : « Si quis
delegaverit debitorem qui doli mali exceptione
tueri eo posse sciebat, similis videbitur ei qui
donat : quoniam remittere exceptionem videtur. »
(Paul, l. 12, D., *de Nov.;* V. aussi l. 19, du même
titre.)

Or, toutes ces idées ne sont-elles pas une preuve
nouvelle que les créances sont inaliénables. En
effet, comment expliquerons-nous l'extinction des
accessoires de la créance, la perte des exceptions
que le débiteur avait contre son créancier, sinon
par la perte du droit lui-même et par la naissance
d'un droit nouveau, absolument indépendant de
l'ancien?

En résumé, deux idées se dégagent de tout ce
que nous avons dit : 1° La stipulation novatoire
entraîne avec l'extinction de l'ancienne obligation
et de ses accessoires la suppression de tous les
rapports entre le délégant et le délégué ; la novation joue ici, au profit de ce dernier, le rôle d'un
paiement ; 2° la stipulation novatoire fait, à l'inverse, surgir entre le délégué et le délégataire, un
nouveau rapport d'obligation qui a le même objet
que l'ancien, et auquel, par le moyen d'une con-

vention spéciale, on peut rattacher toutes les garanties qui fortifiaient celui-ci.

SECTION II

DE LA PROCURATIO IN REM SUAM

Les Romains devaient chercher à remédier aux
inconvénients que nous avons signalés, et qui
étaient inhérents au système de la délégation.
Le problème se posait donc ainsi : « Trouver un
système qui, respectant en droit le principe de
l'inaliénabilité des créances, pût conférer au cessionnaire, sans l'intervention du cédé les mêmes
avantages qu'au cédant. » La solution a été donnée
par les nouveaux principes, sur la représentation
en justice, qui ont été amenés par l'introduction
dans la législation romaine de la procédure
formulaire. Tant que dura le système des actions
de la loi, la représentation en justice ne fut
pas admise : « Chacun doit en personne et pour
son propre compte accomplir le rite et prononcer les paroles consacrées. » (M. Ortolan, t. II, Ins-
tit., p. 416, l. 123, D., *de Regul. jur.*) Cependant
quelques exceptions avaient été admises dans cinq
cas spéciaux : 1° en faveur du peuple (*pro populo*);
2° dans les réclamations de liberté en faveur de
l'esclave (*libertatis causâ*) (Gaius, Com., IV, § 82);
3° dans l'intérêt du pupille (*pro tutelâ*) ; 4° dans
certains cas de vol (*ex lege Hostiliâ*) (Inst. gust.,

l. IV, t. X, pr.); 5° dans le cas de l'action *repe-tundarum* qui pouvait être intentée par un citoyen pour un pérégrin (Cicéron, *in Cæcil. div.*, C. 4, 16 et 29; *Lex Servilia*, C. 4 et 5).

Mais, en dehors de ces dérogations si limitées dans leur nombre, le mandat *ad litem* ne fut pas possible. Ces règles étaient bonnes, dans le principe, alors que le commerce n'avait pas encore pris une extension bien grande et que par suite la simplicité des contestations n'avait pas encore fait un besoin de la représentation en justice; bientôt la face des choses changea.

Les rapports entre les hommes se compliquèrent avec l'accroissement toujours nouveau de la richesse et le développement progressif de la civilisation. Il devenait donc indispensable qu'on pût confier le soin de sa défense, devant les tribunaux, à des hommes éclairés, plus experts que soi des choses de la loi. Aussi les Romains réalisèrent-ils ce grand progrès, dans le système de la procédure formulaire qui succéda aux formes solennelles et surannées des actions de la loi. En effet, il n'y avait plus de raison pour ne pas permettre le mandat *ad litem*, du moment que les paroles consacrées et rigoureusement requises par un système démodé, n'étaient plus nécessaires. Nous ne tarderons pas à voir comment dans cette idée de mandat on a trouvé un procédé plus parfait de transporter les créances. Mais auparavant disons un mot de la représentation.

Les Romains firent une distinction entre la *co-gnito* et la *procuratio* (Gaius, 1. IV, § 83 et suiv.) qui nous importe peu dans l'espèce ; pour nous, la *procuratio* aura une signification plus générale. Voici comment les choses se passaient : « Qui autem alieno nomine agit, intentionem quidem ex personâ domini sumit, condemnationem autem in suam personam convertit. Nam si verbi gratia Lucius Titius pro Publio Mævio agat, ita formula concipitur : si paret Numerium Negidium Publio Mævio sestertium decem millia dare oportere, judex Numerium Negidium Lucio Titio sestertium decem millia condemna, si non paret absolve. » (Gaius, Com. IV, § 86.) Nous trouvons dans ce texte deux idées :

1° En vertu de la formule, le juge a pour mission d'examiner si la somme de dix mille sesterces est due par N. Negidius à P. Mævius.

2° La condamnation qu'il prononce, s'il y a lieu, ne doit pas être, dans le cas de *procuratio*, au profit ou contre Mævius, mais bien au profit ou contre la personne du mandataire Lucius Titius.

Si nous supposons que la prétention de ce dernier est fondée, c'est à lui que sera donnée, et non au mandant, l'action *judicati*, car c'est en la personne du mandataire que se réalisent tous les effets de la condamnation. Seulement, il n'en gardera pas définitivement le profit, mais il sera tenu de le rendre à son mandant par l'action *mandati*. (*Fragm. Vat.*, § 317.)

Or, qu'arrivera-t-il si nous supprimons l'obligation pour le mandataire de rendre compte ? On arrivera à lui procurer intégralement le bénéfice de la créance du mandant ; ce sera un moyen de céder les créances. C'est ce que les Romains ont fait par la *procuratio in rem suam* qui peut se définir : C'est le mandat donné à une personne d'agir en justice et de garder pour elle le profit de la condamnation (Gaius, Com. II, § 39).

On voit quels sont les avantages de ce nouveau procédé ; dans la délégation il fallait le concours du débiteur et par conséquent le transfert des créances devenait absolument impossible, quand celui-ci refusait d'y prendre part ou lorsqu'il en était empêché par un obstacle quelconque, son absence, par exemple. Ici, au contraire, le défendeur n'est pas tenu, pour la validité de la *procuratio in rem suam*, de donner son consentement ; la réunion des deux volontés du cédant et du cessionnaire est une condition nécessaire, mais suffisante. « Nominis autem venditio, et ignorante, vel invito eo adversus quem actiones mandantur, contrahi solet. » (L. 1, C. *de Novat. et deleg.* — V. aussi, l. 2, C., *de Donat.*; l. 3, C., *de Hereditate vel actione venditâ.*)

Ce progrès n'était pourtant pas encore la perfection. Le système nouveau avait des inconvénients, qui étaient la conséquence forcée du principe sur lequel il s'étayait. Jusqu'au moment en effet de la *litiscontestatio*, qui donnait au droit du cessionnaire, une certitude complète, le mandat de poursuivre était soumis à tous les dangers ordinaires de la révocation. Bien plus, cette situation du cessionnaire qui, d'une heure à l'autre, par la mauvaise foi de son auteur, ou par la mort de l'une des parties, pouvait perdre tout le profit du transport, n'avait pas, dans la *delegatio*, un caractère aussi aléatoire. D'ailleurs nous comprendrons mieux, dans la suite, ces diverses idées.

SECTION III

MODIFICATIONS ULTÉRIEURES APPORTÉES A LA PROCURATIO IN REM SUAM

Nous réservons pour les traiter, dans un appendice, placé à la fin de ce travail, les modifications restrictives introduites par les empereurs Anastase et Justinien. Examinons seulement, sous cette section, les réformes qui ont eu pour but de parer aux inconvénients de la *procuratio in rem suam*. Elles se résument dans le double procédé de la *denuntiatio* et des actions utiles.

§ 1.

De la denuntiatio.

Le but de cette innovation a été de donner au droit du cessionnaire et avant la *litiscontestatio*, le caractère de stabilité qui lui faisait absolument défaut. On peut la comparer à ce que nous appelons aujourd'hui la notification du transport : « Si delegatio non est interposita debitoris tui, ac propterea actiones apud te remanserunt, quamvis creditori tuo adversus eum solutionis causâ mandaveris actiones, tamen antequam lis contestetur, vel aliquid ex debito accipiat, vel debitori tuo denunciaverit, exigere a debitore tuo debitam quantitatem non vetaris, et eo modo tui creditoris exactionem contrà eum inhibere. » (Const. Gordien, l. 3, C.,*de Nov.*)

Cette constitution n'est que la consécration d'une pratique antérieure ; nous trouvons ces idées exprimées déjà dans une loi plus ancienne du Code, et qui d'ailleurs ne paraît pas innover, pour une hypothèse voisine, le *pignus nominis* : « Nomen quoque debitoris pignorari et generaliter, et specialiter posse, jampridem placuit. Quare si debitor is satis non fecerit, cui tu credidisti : ille, cujus nomen tibi pignori datum est, nisi ei cui debuit, solvit, nondum certior a te de obligatione tuâ factus utilibus actionibus satis tibi facere usque ad id, quod tibi deberi a creditore ejus probaveris, compelletur : quatenus tamen ipse debet. » (L. 4, C., *Quæ res pign.*)

L'idée fondamentale qui résulte de ces textes, est que le débiteur cédé devient par la notification du transport à lui faite, responsable à l'endroit du cessionnaire ; par suite c'est à ce dernier seul qu'appartient désormais l'exercice des actions, le cédé ayant perdu le droit de se libérer entre les mains du cédant. Mais faut-il dire que la *denunciatio* a fait passer la créance dans le patrimoine du cessionnaire ? Assurément non ; comme par le passé, avant la *litiscontestatio*, il n'y a qu'un seul créancier, le cédant. Quant au cessionnaire, il n'est toujours qu'un mandataire, mais mandataire irrévocable.

A côté de la notification formelle du transport, l'empereur Gordien a donné un autre procédé, auquel il a attaché les mêmes effets, et qui du reste repose sur la même idée, nous voulons dire « le paiement partiel. » En effet, le paiement partiel, fait entre les mains du cessionnaire, est de la part du cédé une reconnaissance certaine, quoique tacite, de la *procuratio in rem suam*. C'est donc à tort qu'il viendrait arguer plus tard de son ignorance de la cession, pour légitimer des actes contraires aux intérêts du cessionnaire et se soustraire à la responsabilité du préjudice qu'il lui aurait causé. Quant au paiement, quelles que soient l'étendue et la nature des prestations, il emporte toujours pour le cédé, déchéance du droit de se libérer entre les mains du cédant. Cela résulte des termes mêmes de la Constitution de Gordien : « vel aliquid ex debito accipiat. »

Mais là où des difficultés peuvent se produire, c'est sur l'interprétation exacte à donner au mot « *denunciatio.* » En effet, on peut l'entendre, dans un sens large ou restreint, selon que l'on fait rentrer ou non, sous sa dénomination, toute connaissance du transport, acquise au cédé autrement que par la notification du cessionnaire. Si nous supposons, par exemple, que le cédant et non le cessionnaire fait savoir au débiteur cédé la *procuratio in rem suam*, dira-t-on que la « *denunciatio* » a eu lieu ?

Pour répondre à la question, il importe de rechercher tout d'abord, à la suite de quels tâtonnements on est arrivé à la formalité de la *denunciatio*. Or, dans le principe, quand le cédé avait payé le cédant, ayant connu, par un moyen quelconque, la cession, il commettait un dol, dont il devenait responsable envers le cessionnaire : « Venditor hereditatis, emptori mandatis actionibus, cum debitore hereditario, qui ignorabat venditam esse hereditatem transegit : si emptor hereditatis hoc debitum ab eo exigere velit, exceptis transacti negotii debitori *propter ignorantiam* suam accommodata est. Idem respondendum est, et in eo, qui fideicommissam recepit hereditatem, si heres cum *ignorante debitori* transegit. » (Papin., l. 17, D., *de transact.*)

La pensée de Papinien se conçoit nettement :

1° Le débiteur qui a payé son créancier dans l'ignorance du transport, ne peut pas être rendu responsable d'un fait qu'il ne connaissait pas.

2° Le débiteur qui a fait à son créancier un paiement, sans tenir compte du transport, dont il avait connaissance, ne se libère pas à l'endroit du cessionnaire.

Ainsi à ce moment-là, tout se réduisait à une question de fait qui se posait ainsi : le cédé a-t-il connu, directement ou indirectement, peu importe, le fait de la cession ? Mais on comprend combien la preuve était difficile à faire, et quel intérêt le cessionnaire avait à faire parvenir, d'une façon sûre, à la connaissance du cédé, les nouveaux droits qu'il tenait du cédant. C'est alors que s'introduisit, dans la pratique, l'usage de notifier les transports au débiteur, au moyen de la *denunciatio ;* la constitution de Gordien n'a donc été, comme nous l'avons déjà dit, qu'une consécration législative de ce qui se faisait avant.

Ces origines de la *denunciatio* en déterminent la véritable portée : c'est le procédé le plus sûr de prouver que le cédé a eu connaissance du transport, mais il n'est pas exclusif des autres. Raisonner autrement sur le texte de Gordien, serait méconnaître l'esprit de la loi, en ne tenant pas compte du développement progressif des moyens destinés à parer de plus en plus aux imperfections de la *procuratio in rem suam.* Cependant nous ne contestons pas qu'à s'en tenir à la rédaction de la Constitution, on arriverait à une solution opposée. Il semble bien que c'est le cessionnaire seul qui devra faire *la denunciatio « denunciaverit »* ; mais nous estimons que l'Empereur a statué sur le *plerumque fit* et que sa pensée est celle-ci : Quand il sera certain que le débiteur cédé connaissait la cession, il ne pourra se libérer

valablement entre les mains du cédant; or, comme
cette preuve résulte, le plus souvent, de la *denunciatio* faite par le cessionnaire, c'est cette hypothèse qui a été formellement exprimée , parce
qu'elle était plus frappante que les autres.

De tout ce que nous venons de dire, il résulte
que la *denunciatio* n'est soumise à aucune forme
particulière ; elle se produira, de quelque manière
que ce soit, pourvu qu'elle ait pour effet d'ap-
prendre au débiteur cédé le fait du transport.
Aussi nous ne confondrons pas cette notification
avec la *denunciatio litis*, dont le but était de faire
connaître au défendeur les prétentions du demandeur et qui, à l'époque de Constantin, devait se
produire *apud acta*, sur les registres du magistrat,
chargé lui-même de l'envoyer à sa destination.
Ces formalités eussent été incompatibles, dans
notre espèce, avec le principe que nous avons
posé.

§ II.

Des actions utiles.

Une première exception avait été faite à la théo-
riegénérale du mandat par la *denunciatio*, puisque
le mandant perdait le droit de révocation. Mais
les effets de la *procuratio* pouvaient encore disparaître par la mort du mandant ou du mandataire. C'est pour corriger cet inconvénient que les
actions utiles ont été accordées. Justinien nous

dit : « Illam subtilem observationem amputamus,
per quam donationis titulo cessiones actionum ac-
cipientes, non aliter suis eas transmittere heredi-
bus poterant, nisi litem ex his contestati essent,
vel jus contestationis divino rescripto meruis-
sent. Nam sicut venditionis titulo cessas actiones
etiam ante litiscontestationem ad heredes trans-
mitti permittitur, simili modo et donatas ad eos
transferri volumus : licet nulla contestatio vel
facta, vel petita sit... » (l. 33, C., *de Donat.*).

Ce texte nous montre que la concession des actions utiles ne fut pas étendue de suite, à tous
les cas de la mort du mandataire , survenue
avant la *litiscontestatio*, mais qu'il y eut, même
à cet égard , un développement progressif. D'a-
bord, les héritiers du cessionnaire qui avait acquis la créance à titre onéreux, eurent seuls
droit aux actions utiles ; ce qui nous autorise à
penser que, dans cette matière, comme dans la
plupart des autres, l'intervention du préteur fut à
l'origine déterminée par le besoin de réagir contre
la rigueur des principes du droit civil, en faveur
du droit naturel. Il était peu équitable en effet
que les héritiers du cessionnaire perdissent tout
à la fois, en cas d'insolvabilité du cédant, et la
somme déboursée par leur auteur pour obtenir la
créance, et cette créance elle-même. Plus tard on
fit un pas de plus ; la faveur des actions utiles fut
accordée à tous les successeurs qui auraient trouvé,
dans le patrimoine du *de cujus*, la créance, si la

mort du cessionnaire n'était survenue antérieurement à la *litiscontestatio.*

Ce n'est pas tout : jusqu'ici nous avons supposé que le *de cujus* avait été constitué mandataire *ad litem*, et que sa mort seule avait empêché les poursuites et la condamnation du défendeur.

Maintenant nous supposerons qu'aucun mandat n'a été donné ; dans ce cas, l'action utile était encore accordée, quand l'obligation de céder les créances résultait d'un titre qu'on avait acquis à cet effet. C'est ce que nous laisse entendre Ulpien par ces mots : « Si cum emptore hereditatis pactum sit factum, et venditor hereditatis petat, doli exceptio nocet : nam ex quo rescriptum est a divo Pio, utiles actiones emptori hereditatis dandas, merito adversus venditorem hereditatis exceptione doli debitor hereditarius uti potest. » (l. 16, D., *de Pactis.*)

Nous ne trouvons pas ici l'idée de mandat *ad agendum* conféré par le vendeur de l'hérédité, et cependant l'acheteur a des actions utiles. Cette solution qui fut, à notre connaissance, la première, ne tarda pas à être étendue à d'autres cas ; c'est ainsi que les actions utiles furent accordées à l'acheteur d'une créance, au créancier gagiste (l. 4, C., *Quœ res pignori...*); au légataire d'une créance (l. 18, C., *de Legatis*); au mari auquel une créance a été constituée en dot (l. 2, C., *de Oblig. et action.*).

Enfin ce système des actions utiles se développa dans des proportions telles qu'il finit par suppléer en tout aux imperfections de la *procuratio in rem suam*. Arrivés à ce dernier terme des réformes, en matière de cession de créances, les Romains ne laissèrent plus rien des inconvénients attachés au principe de l'incessibilité des droits personnels. On peut donc dire, à ce moment-là, si on ne considère que les résultats, que les créances sont parfaitement aliénables. Non-seulement la créance devint transmissible par le moyen des actions utiles, au cas où le mandat était éteint et au cas où, n'ayant pas été donné, il devait être conféré en vertu d'un titre, mais elle le devint encore en vertu de la loi : *Cessio legis*. C'est ce qui arrivait par exemple, si « l'un d'entre les débiteurs qui ne sont pas *correi*, mais solidaires proprement dits, a payé la dette solidaire ; il a pour exercer son recours l'action *utilis* contre le codébiteur, comme si cette créance au lieu d'être payée, lui avait été cédée. » (Molitor, *Tr. des Oblig.*, t. II, p. 636.) Nous avons achevé l'examen des procédés, au moyen desquels on était arrivé, par des voies détournées, à toutes les conséquences qui, dès le premier jour, auraient découlé du principe de l'aliénabilité des créances, si les Romains avaient cru devoir directement l'admettre. Nous allons traiter dans le chapitre suivant la question des conditions de fond nécessaires pour commercer sur les créances.

CHAPITRE III

CONDITIONS DE FOND NÉCESSAIRES POU R COMMERCER
SUR LES CRÉANCES

Ces conditions ont trait :

1° A la créance ;

2° Aux parties ; nous les étudierons dans deux sections différentes.

SECTION PREMIÈRE

CONDITIONS RELATIVES A LA CRÉANCE

En principe, toutes les créances sont cessibles ; il n'y a pas lieu de rechercher, à cet égard, la cause d'où elles dérivent, l'objet auquel elles s'appliquent, les effets qu'elles peuvent engendrer.

Les obligations naturelles sont cessibles tout aussi bien que les obligations civiles. Remarquons toutefois que, dans ce cas, la cession d'actions ne sera pas possible, puisque les obligations naturelles ne sont pas munies comme les obligations civiles ; mais le cessionnaire pourra opposer les exceptions du cédant : « Quamvis senatus de his actionibus transferendis loquatur, quæ jure civili heredi et in heredem competunt, tamen honorariæ actiones transeunt; nulla enim separatio est. Imo et causa naturalium obligationum transit. » (Paul, l. 40, D., *Ad. S. C. Trebel.*).

Il importe peu, au point de vue de la cessibilité que les obligations soient ou non affectées d'une modalité quelconque ; la condition, le terme ne font pas obstacle à leur aliénabilité : « Spem futuræ actionis plena intercedente donatoris voluntate, posse transferri, non immerito placuit. » (l. 3, *de Donat.*).

La règle est la même pour les obligations indéterminées ; c'est ainsi qu'on peut céder les créances *in genere* et les créances alternatives. Toutefois, dans cette dernière hypothèse, on se demande si la faculté du choix, appartenant au cédant, passe au cessionnaire.

A priori et sans consulter les textes, on ne voit pas pourquoi la faculté du choix n'appartiendrait pas au cessionnaire. Pourquoi serait-ce un droit intransmissible ? Le cédé ne peut se plaindre, puisqu'il a accepté, en laissant le choix au créancier, de perdre l'une ou l'autre des choses comprises dans l'alternative. Les charges qui le grèvent ne sont donc pas augmentées, par ce fait que le cessionnaire remplacera, pour déterminer l'objet dû, la personne du cédant.

Ce n'est pourtant pas ainsi que le jurisconsulte Paul semble avoir envisagé la question : « Si stipulatus fuerim illud, aut illud, quod ego voluero : hæc electio personalis est ; et ideo servo vel filio talis electio cohæret ; in heredes tamen transit obligatio , et ante electionem mortuo stipulatore. » (l. 76, D., *de Verb. oblig.*). Ce texte est formel ; cependant nous n'adopterons pas sa solution, car Ulpien dit diamétralement le contraire. Or, nous trouvant, nous aussi, dans une alternative, il nous paraît préférable de choisir ce qui est le plus conforme à la raison :« Si quis ità stipulatus Stichum aut decem, utrum ego velim, legaverit quod ei debebatur, tenebitur heres ejus ut præstet legatario actionem, electionem habituro utrum Stichum, an decem persequi malit. »(1. 75, §3, D., *de legat. et fideic.)* Que nous dit, en effet, Ulpien ? Qu'un successeur à titre particulier, un légataire, dans l'espèce, a, comme son auteur, la faculté de choisir un des objets de l'alternative.

Les obligations qui ont leur cause dans un délit ou quasi-délit, peuvent être cédées comme celles qui dérivent d'un contrat.

On objecte contre cette solution un texte de Papinien qui est absolument étranger à la question (1. 18, D., *de Vi et de vi armata).*

On suppose, en effet, qu'un vendeur a donné mandat à l'acheteur d'expulser un locataire qui a résisté une première fois ; le mandat est nul, non pas à raison de l'origine du droit cédé, qui résulte de la résistance du fermier, mais parce que ce droit d'expulsion n'existait pas, même au profit du vendeur. On serait admis avec raison à arguer de ce texte à l'effet de prétendre que les obligations, nées *ex delicto,* sont incessibles, si le vendeur n'avait pu, dans l'espèce, transférer à son vendeur l'interdit *undi vi;* or cette hypothèse n'a pas été prévue par la loi. Au surplus notre système s'appuie sur un texte d'Ulpien (l. 14, D., *De Furtis*).

Enfin peuvent être cédés les droits ou actions qui ont leur cause dans une faveur même personnelle au cédant. Ainsi, quand le mineur a fait des actes, les droits qui en découlent peuvent faire de sa part l'objet d'un transport : « Quod si minor suâ sponte negotiis majoris intervenerit, restituendus erit, ne majori damnum accidat : quod si hoc facere recusaverit, tunc si conventus fuerit negotiorum gestorum, adversus hanc actionem non restuitur : sed compellendus est cedere auxilium in integrum restitutionis, ut procuratorem eum in rem suam faciat.»(Paul, l. 21, *de Minor. vig.*)

L'hypothèse prévue par le jurisconsulte donne amplement raison à notre manière de voir ; de quoi s'agit-il en effet ? D'un mineur de vingt-cinq ans, qui ayant joué le rôle *de negotiorum gestor*, est tenu de céder au *dominus*, en le constituant son *procurator in rem suam*, un droit à la *restitutio in integrum*.

Toutefois le principe que les créances sont cessibles, souffre bien quelques exceptions. Les interprètes ont voulu, pour le droit romain, comme pour le droit français, donner un critérium certain au moyen duquel on reconnaîtrait à coup sûr les créances incessibles, et dans l'un, comme dans l'autre droit, ils n'ont pas réussi. C'est à tort en effet, qu'on a prétendu que les créances intransmissibles dans les successions sont incessibles;

car le droit d'usufruit, notamment, non transmissible aux héritiers, peut faire l'objet d'une vente : « Usufructuarius vel ipse frui ea re, vel alii fruendam concedere, vel locare, vel vendere potest... » (l. 12, § 2, D., *de Usufr. et quentad.*). Réciproquement, les droits litigieux sont transmissibles aux héritiers et cependant ils ne peuvent être cédés : « Lite pendente actiones, quæ in judicium deductæ sunt, vel res, pro quibus actor a reo detentis intendit, in conjunctam personam, vel extraneam donationibus, vel emptionibus, vel quibuslibet aliis contractibus minime transferri ab eodem actore liceat. » l. 2, C., *de litigiosis*). L'incessibilité et l'intransmissibilité ne sont donc pas deux idées absolument adéquates (Molitor, *Oblig.*, t. II, p. 645); il faut dès lors renoncer à une formule, destinée à renfermer en elle les caractères de toutes les créances, qui ne peuvent être cédées, mais il est nécessaire pour chacune d'elles de se référer aux textes.

Cela posé, les *operæ officiales* sont des droits attachés à la personne du patron, et par suite insusceptibles de transport (Ulp., l. 9. D., *de oper. libert.*); de même le droit d'exiger une pension alimentaire ne peut pas être cédé (Ulp., l. 23, § 2, D., *de condict. indeb.*). Nous savons par ce qui a été dit plus haut que les droits litigieux sont également incessibles ; nous n'y reviendrons pas.

Il importe de remarquer que jusqu'ici nous n'avons parlé que des créances incessibles qui figurent dans le patrimoine ; à côté de celles-ci, il y en a qui ne comptent pas parmi les droits dont le patrimoine se compose ; ce sont les : « *actiones populares* : » « Qui populari actione convenietur, ad defendendum procuratorem dare potest : is autem qui eam movet, procuratorem dare non potest. » (Paul, l. 5, D., *de popul. action.*); les « *actiones vindictam spirantes,* » comme l'action *injuriarum* et la *querela inofficiosi testamenti.* La raison de l'incessibilité dans ces deux derniers cas se comprend : l'action *injuriarum* a le caractère pénal, et, d'après les principes généraux du droit, la représentation n'est pas admise en matière criminelle. Aussi, au cas où on négligerait la voie de la juridiction répressive, pour agir seulement au civil, nous pensons que la transmission du droit serait possible, la *procuratio,* dans l'espèce, n'étant pas défendue (L. II, § 2, l. 17, § 16, *de injur. et fam.*).

Quant à la *querela inofficiosi testamenti,* elle ne peut pas être transportée, car elle repose sur la présomption que le *paterfamilias* qui, sans juste cause, a déshérité son enfant, était en état de démence ; il est donc juste que le fils de famille seul puisse exercer cette action, qui se rapproche, par beaucoup de côtés, de l'action d'injures (V. M. Accarias, *Précis de dr. rom.,* t. I, p. 854 et suiv.).

SECTION II

CONDITIONS RELATIVES AUX PARTIES

Les règles, en cette matière, doivent être déduites de la théorie générale des incapacités et de dispositions spéciales dont nous nous occuperons exclusivement ici. L'idée fondamentale est de protéger les débiteurs contre des personnes qui, à raison de leur situation, pourraient exercer sur le procès une influence funeste aux intérêts du cédé et rendre plus difficile l'exercice de ses moyens de défense.

1° Les *potentiores* ne peuvent devenir cessionnaires d'une créance (Const. de Dioclét. et Maxim., l. 1 et 2, C., *ne liceat potentior.*).

Mais que faut-il entendre par ces mots ? Le terme *potentior* a un sens vague et mal défini, qui peut s'appliquer à toutes les personnes, sans distinction, qui, à raison de leur fortune et de leur influence locale, ne laisseront peut-être pas dans le cours du procès au débiteur toutes les chances d'égalité, sur lesquelles il est en droit de compter. Or, sans avoir le moyen de prouver, d'une façon formelle, que tel n'est pas le sens de la loi, nous croyons cependant qu'il faut donner au mot *potentior* une définition plus restreinte : pour nous, les *potentiores* seront seulement les magistrats, appelés par leurs fonctions à exercer une certaine autorité ; le système contraire en effet aboutirait dans la pratique, à des questions de fait extrêmement délicates, puisque, dans toutes les cessions de créances, on aurait d'abord à rechercher si le cessionnaire est ou non *potentior*.

La sanction des transports consentis à un *potentior* est grave ; l'opération tout entière est frappée de nullité. Mais qui profitera de cette nullité ?

L'incapacité du *potentior* a été édictée dans l'intérêt du débiteur ; par conséquent c'est à lui que profitera la nullité de la cession ; le cédant perdra sa créance, et le cédé sera libéré. Toutefois subsistera-t-il une obligation naturelle ? Pour soutenir l'affirmative, on s'est fondé sur le texte suivant : « Si pœnæ causà ejus, cui debetur, debitor liberatus est, naturalis obligatio manet. » (Pomp., l. 19, D., *de condict. indeb.*). Mais cette règle, bonne au cas où, pour une cause quelconque, la loi veut écarter l'action du créancier, ne peut ici trouver son application, en présence des termes absolus de la constit., *jactura debiti mulctatur* (V. Molitor, *loc. cit.*, p. 652).

2º Les tuteurs ne peuvent devenir cessionnaires de créances contre leurs pupilles. L'incapacité se perpétue même au-delà de l'époque fixée pour la cessation de la tutelle : « Et non solum donec fuerit tutor, prohibemus eum ab hujusmodi cessione ; sed neque posteà concedimus. » (Nov. LXXII, § 1, ch. V). La sanction de la violation de cette règle est la nullité de la cession ; le tuteur et le cédant perdront toute action, et par suite le pupille sera totalement libéré.

CHAPITRE IV

DES EFFETS DU TRANSFERT DES CRÉANCES

Les effets du transfert ont lieu à plusieurs points de vue : 1° quant à la créance elle-même;— 2° quant aux parties.

SECTION PREMIÈRE

EFFETS DU TRANSFERT QUANT A LA CRÉANCE

Il faut distinguer les procédés au moyen desquels s'est réalisé le transport : si on a cédé la créance par la *delegatio*, nous savons qu'il y a novation et par conséquent une créance nouvelle. Dès lors, les garanties qui fortifiaient le droit du cédant ne passent pas au cessionnaire ; de même, les exceptions que le défendeur pouvait opposer au cédant ne lui sont pas opposables. Ceci, d'ailleurs, a été suffisamment expliqué. Quand le transport au contraire se produit par le moyen de la *procuratio in rem suam*, la créance passe au mandataire, munie de tous ses accessoires, et le débiteur est protégé par toutes les exceptions qu'il pouvait opposer au cédant. Nous verrons toutefois qu'il y a des exceptions que le débiteur n'est pas admis à invoquer.

§ 1.

Effets de la cession, quant au cédant et au cessionnaire.

Quand la cession avait lieu à titre gratuit, le donataire d'une créance jusques à l'époque de Justinien, était dans une situation inférieure à celle du cessionnaire à titre onéreux. Ce n'est en effet qu'à partir de ce moment qu'il fut à l'abri des cas fortuits et de la mauvaise volonté du cédant (l. 33, C. *de Donat.*).

De même la garantie ne pouvait exister, dans l'espèce, qu'en vertu d'une convention spéciale : « Si quis mihi rem alienam donaverit, inque eam sumptus magnus fecero, et sic evincatur, nullam mihi actionem contra donatorem competere : plane de dolo posse me adversus eum habere actionem, si dolo fecit. » (l. 18, D., *de Donat.*)

Si la cession, au contraire, était un contrat à titre onéreux, le cédant était soumis aux obligations ordinaires du vendeur comprenant : 1° l'obligation de livrer ; 2° l'obligation de garantir : 3° l'obligation d'être de bonne foi.

Reprenons ces trois cas avec quelques développements,

1° *Obligation de livrer.*

A vrai dire, cette obligation s'applique surtout
à la vente des choses corporelles, car ces dernières sont seules susceptibles de tradition, mais
il y a cependant quelque chose d'analogue dans la
vente des choses incorporelles. Le vendeur en effet
est obligé de mettre le cessionnaire en mesure de
toucher le profit de la créance ; or cette obligation
s'accomplit ou par la *delegatio* ou par la *procuratio in rem suam.* Nous supposons d'ailleurs
dans notre matière, que la *delegatio* ou la *procuratio* ont eu lieu puisque nous examinons les conséquences du transport des créances ; aussi nous
n'avons pas à insister davantage. Arrivons à la
garantie.

2° *Obligation de garantir.*

Le cessionnaire peut perdre de deux façons le
profit qu'il attend du transport, car la créance
n'existe pas peut-être, ou si elle existe, le débiteur
est, à raison de son état d'insolvabilité, incapable
de payer. Que garantit alors le cédant ? Il garantit
la *veritas nominis*, l'existence de la créance seulement : « Si nomen sit distractum, locupletem esse
debitorem non debere præstare : debitorem autem
esse præstare, nisi aliud convenit (l. 4, D., 18-4).
Notre solution ne peut pas être mieux indiquée ;

le cédant ne garantit pas la solvabilité du cédé, mais la réalité du droit, dont il a opéré le transport. Du moment qu'il y a un débiteur, le cédant n'est plus responsable. Mais que faut-il entendre par l'inexistence de la créance? La créance n'existe pas quand Primus cède à Secundus de prétendus droits sur Tertius qui n'a jamais contracté d'obligation, ou lorsque la cession a pour objet un droit appartenant à un tiers. De même, il faut dire qu'il y a inexistence de la créance, lorsque le débiteur peut repousser le cessionnaire au moyen d'une exception péremptoire. (l. 10, D., 50-16 ; l. 13, D., 50-17.) Autre serait la solution, si l'action du cessionnaire était paralysée seulement par une exception temporaire ; dans ce cas, la garantie ne serait pas due, à moins que postérieurement à la cession, le cédant n'eût causé au cessionnaire un préjudice, résultant de la concession d'un délai faite au débiteur. Remarquons que nous nous sommes placés dans l'hypothèse d'une cession pure et simple, c'est-à-dire dans le cas où il n'y avait pas de convention spéciale sur la garantie. Or, cette dernière, comme nous le verrons plus loin, peut être étendue, diminuée et même détruite par la volonté des parties, qui résultera de clause : expresses, ou même s'exprimera tacitement. (l. 10, D., 18-4.)

Le cédant garantit non-seulement l'existence de la créance, mais encore l'existence de ses accessoires, lorsqu'il en a été fait mention dans la vente; il n'y a donc pas de doute à avoir, quand une hypothèque, spécialement promise au cessionnaire, comme garantie de la créance cédée, n'a jamais été constituée. Mais que décider si l'hypothèque a été consentie sur un immeuble dont le constituant n'était pas propriétaire ? Ainsi Primus donne à Secundus un droit réel sur le fonds A qui appartient à Tertius ; le cessionnaire Quartus sera-t-il admis à demander la garantie à Secundus ? Nous le pensons ; en effet, lorsqu'une déclaration expresse du vendeur a été faite, relativement aux accessoires d'une créance, ces accessoires ont nécessairement influé sur la fixation du prix. On ne voit pas alors pourquoi la garantie ne serait pas due, dans l'espèce, comme dans le cas où l'hypothèque n'aurait jamais été consentie. (M. Labbé, *Tr. de la Garantie*, n° 24.)

L'opinion contraire a été cependant, et à tort, suivant nous, soutenue par Cujas (Cons. ad responsa Papin., l. 68, § 1, *de Ercit.*) et Pothier (Pand. Justin., l. 13, t. IV), qui ont cru voir, dans la l. 30. D., 20-1 et la l. 68, § 1, D., 21-2, la négation de notre solution : « Periculum pignorum nominis venditi ad emptorem pertinere, si tamen probetur eas res obligatas fuisse. » Ainsi, d'après ce texte, il apparaît bien clairement que, la convention d'hypothèque une fois faite, les risques sont à la charge de l'acheteur.

Nous ne pouvons donner à la l. 30, un sens aussi large, comprenant tous les cas où a été faite, pour la constitution du droit réel, une convention quelconque. Si, en effet, il est possible de donner à ce texte une signification autre que celle qu'on veut nous opposer, nous devons dire qu'il ne s'applique pas à notre hypothèse, car, comme nous l'avons démontré, il est tout à fait anormal de laisser au cessionnaire la perte définitive de sûretés constituées sur un immeuble *à non domino*, et sur lesquelles la convention lui a permis de compter. Or, personne ne contestera que le sens du mot *periculum* soit vague et mal défini ; qu'a voulu dire par là le jurisconsulte Paul ? Probablement et cela est fort équitable, que la perte de la chose hypothéquée, survenue postérieurement à la cession, ne donne pas lieu à un recours en garantie contre la personne du vendeur. Telle n'est pas notre hypothèse. D'ailleurs, si le texte a la signification qu'on lui attribue, il s'applique seulement au cas où il n'y a pas eu garantie spéciale des accessoires.

Arrivons maintenant à la l. 68 *de Evict.* : « Creditor, qui pro pecunia nomen debitoris per delegationem sequi malint, evictis pignoribus, quæ prior creditor accepit, nullam actionem cum eo qui liberatus est, habebit ». L'hypothèse prévue par Papinien est celle-ci : une créance hypothécaire est cédée ; le cessionnaire qui vient à perdre l'hypothèque, consentie au cédant, n'a pas de recours en garantie à exercer contre celui-ci.

Or, nous ferons ici le même raisonnement que

pour le cas qui précède. Du moment que le texte
ne précise pas, d'une façon spéciale, la cause de
l'éviction du cessionnaire, il faut en éliminer,
pour les raisons que nous avons données, le cas
où l'hypothèque a été constituée *a non domino*.
On ne peut pas dire en effet, dans l'espèce, que
l'hypothèque a existé et nous savons que le cédant
doit garantir le cessionnaire contre l'inexistence
des accessoires de la créance.

Jusqu'ici nous avons dit que la garantie portait
exclusivement sur l'existence de la créance et de
ses accessoires ; quant aux clauses modificatrices
qui peuvent intervenir, elles ont un effet absolu.
C'est ainsi qu'elles ont pour résultat ou d'empêcher la garantie, dans les cas précités, ou de
l'étendre au contraire à la solvabilité du débiteur. Or, ici, il y a une difficulté : que faut-il entendre, en effet, par la solvabilité? Le débiteur
peut être solvable au moment du contrat de cession et insolvable au moment de l'échéance ; en
d'autres termes, et pour nous servir du langage
classique, il y a la solvabilité actuelle (celle qui
existe au moment de la cession) et la solvabilité
future (celle qui existe au moment de l'échéance).
Quelle est donc la solvabilité que garantit le cédant?

Il n'y a pas de doute pour le cas où la créance
est exigible au moment de la cession, car les deux
époques qui font l'objet de la difficulté se confon-
dent en une seule. Mais, quand la créance cédée
est à terme et que la garantie de la solvabilité du

cédé a été stipulée par le cessionnaire, le cédant ne répond que de la solvabilité du débiteur au moment de la cession.

Pour contester cette solution, on s'est fondé sur un texte du Digeste, qui n'a absolument rien de commun avec la théorie générale de la garantie dont nous nous occupons : « Si a debitore mulieris sub conditione dos promittitur ; et posteà, sed antequam maritus petere posset, debitor solvendo esse desierit : magis periculum ad mulierem pertinere placet ; nec enim videri maritum nomen secutum eo tempore, quo exigere non poterit. Quod si jam tum debitor, cùm sub conditione promitteret, solvendo non fuerit, periculum viri esse, quod sciens tale nomen secutus videretur, quale initio obligationis fuerit. » (Paul., l. 41, D., *de Jure dot.*, 23-3). Mais ce texte est fait spécialement pour la dot et ne saurait étendre en rien, pour les autres cas, l'obligation de garantie du cédant (Contrà : Sande, *Com. de actionum cessione*, ch. IX, nᵒˢ 27-29. — Molitor, *loc. cit.*, p. 667).

3° *Obligation de ne commettre aucun dol.*

C'est une règle commune à tous les contrats de bonne foi, dont le jurisconsulte fait ici l'application en ces termes : « venditori sufficit ob evictionem se obligare, rem tradere et purgari dolo malo» (l. 1. D., 19-4). C'est ainsi que le cédant qui, connaissant l'état d'insolvabilité du débiteur et le cachant au cessionnaire, commet un dol envers lui, dont naturellement il est responsable : « si sciens rem alienam rem ignoranti mihi vendideris : etiam priusquàm evincatur, utiliter me ex empto acturum putavit in id, quanti mea intersit meam esse factam... ». (L. 30, D., 19-1.) Le cas cité par Africain est analogue à celui pour lequel nous adoptons sa solution ; ainsi, la cause du recours est toujours la même, puisqu'il s'agit, dans l'une comme dans l'autre hypothèse, d'un préjudice occasionné par le dol du vendeur ou du cédant.

Passons maintenant aux obligations du cessionnaire : elles sont au nombre de trois.

1° Le cessionnaire doit payer le prix de cession. C'est là son obligation principale et il sera tenu de la remplir, en vertu de l'action *venditi* qui appartiendra au cédant, en supposant, bien entendu, que le contrat de vente soit la *justa causa* de la *procuratio in rem suam*.

2° Le cessionnaire doit les intérêts du prix, quand les parties ont fait, à cet égard, une stipulation spéciale, ou lorsque, le prix n'ayant pas été payé, la créance produit des intérêts (l. 13, § 20, D., 19-1).

3° Le cessionnaire, comme le cédant, doit s'abstenir de tout dol. Sans doute, cette obligation est, d'après la nature même des choses, plus spéciale à la personne du cédant ; cependant il n'est pas impossible que ce dernier ne soit victime d'un préjudice, causé par le dol du cessionnaire. Ainsi, le dol peut être commis dans l'exercice de l'action en garantie.

Les obligations entre le cédant et le cessionnaire sont sanctionnées par l'action du contrat, dont la *delegatio* ou la *procuratio in rem suam* ne sont que l'exécution. La cession a-t-elle pour cause la vente, et c'est là l'hypothèse la plus fréquente, les obligations dont nous parlons sont sanctionnées par l'action *empti*, au profit du cessionnaire, et par l'action *venditi*, au profit du cédant. On devra donc appliquer les règles relatives à la vente, c'est-à-dire donner au juge un pouvoir largement appréciateur : « Evicta re, ex empto actio non ad pretium duntaxat recipiendum, sed ad id quod interest competit. » (L. 70, D., 21-2.) Quand la créance vendue n'existe pas, on agit par la *conditio sine causâ* pour répéter le prix (l. 7, D., 18-4) ou par l'action *de dolo*, au cas de dol de la part du cédant.

§ II

Effets de la cession, quant au cessionnaire et au cédé.

Les effets sont différents, suivant que la cession a été réalisée au moyen de la *delegatio* ou au moyen de la *procuratio in rem suam*. Nous nous placerons successivement dans l'une et l'autre de ces hypothèses.

1° *Delegatio.* — Quand la *delegatio* a eu lieu et

que l'obligation ancienne a fait place, par le procédé de la stipulation, à une obligation nouvelle,
il n'y a pas de difficulté. Les rapports qui existaient entre le délégué et le délégant ont irrévocablement disparu, et les accessoires qui précédemment y adhéraient sont éteints avec la
créance elle-même. Quant aux rapports nouveaux, ils sont déterminés exclusivement par la
stipulation novatoire, en vertu de laquelle le délégué se reconnaît débiteur du délégataire.

2⁰ *Procuratio in rem suam.* — Nous savons que
la cession de créance se réalise encore au moyen
d'un mandat *ad litem* ; le cédant donne mandat au
cessionnaire de poursuivre son débiteur en justice
et de retenir le profit de la condamnation. Or,
comme le débiteur n'est pas engagé envers le cessionnaire, et que le cédant n'est pas lié non plus
envers lui par la puissance du mandat qui, d'après
les principes ordinaires, est susceptible de révocation, le droit à la créance cédée est tout à fait
instable, au moins jusqu'à la *litiscontestatio.* Il
importe donc de distinguer, pour bien préciser les
effets de la *procuratio in rem suam*, deux époques : avant et après la *litiscontestatio.*

Période antérieure à la litiscontestatio.

Par l'effet du mandat, le cessionnaire, mis au lieu
et place du cédant, est admis à se prévaloir contre
le débiteur de tous les avantages que donne la

créance. Mais ce mandat peut tomber par la révocation, par le paiement du débiteur, entre les mains du cédant, ou enfin par la mort du mandant ou du mandataire. Ces inconvénients ont disparu avec le procédé nouveau de la *denunciatio* et la concession des actions utiles, que nous avons étudiées plus haut.

En second lieu, tant que la *litiscontestatio* n'est pas intervenue, le cessionnaire n'a pas qualité pour transporter la créance, en donnant à un tiers le droit de poursuivre à sa place le débiteur cédé (l. 8, C. 2-13 — l. 4, § 5, D., 49-1). De même, étant simplement mandataire, il ne doit pas se prévaloir de la créance cédée pour se soustraire, par le moyen de la compensation, aux effets d'une action intentée contre lui par le cédé. C'est ce que nous dit formellement Papinien : « In rem suam procurator datus, post litiscontestationem si vice mutua conveniatur, æquitate compensationis utetur. » (L. 18 *pr.*, D., 16-2.)

Arrivons aux poursuites que le cessionnaire intente contre le cédé. Du principe que nous avons posé, à savoir que le cessionnaire agit comme le cédant lui-même, et en vertu des mêmes droits, il faut déduire les conséquences suivantes :

Le cessionnaire a contre les fidéjusseurs du cédé l'action *ex stipulatu* (l. 23, D., 18-4) et l'action quasi Servienne contre les détenteurs d'immeubles hypothéqués (l. 18, D. C., 4-39. — l. 7-4, 10). Pour la même raison, il est admis à opposer valablement au débiteur, toutes les causes de préférence, qui sont des qualités de la créance elle-même. C'est ainsi qu'il invoquera le privilége, que le cédant aurait eu, comme ayant prêté de l'argent destiné à construire une maison ou à armer un navire (l. 24, § 1, l. 26, D., 42-5) ; à payer des frais funéraires (l. 17, D., 42-5) ; à empêcher la vente d'une chose frappée d'hypothèque (l. 5, D., 20-4).

Mais à côté de ces différents cas qui ne font pas difficulté, parce que la considération de la personne du créancier n'est pour rien dans l'existence du privilége, il y a des hypothèses plus délicates. Peut-on dire, en effet, que les priviléges qui sont engendrés par la qualité même de la personne du cédant, passent au cessionnaire? Avant de répondre à cette question, citons quelques-uns de ces droits; les pupilles, les mineurs de vingt-cinq ans, ont un privilége sur les biens de leurs tuteurs ou curateurs (l. 22, D., 273. — l. 15, § 1, D., 27-10) ; il en est de même des femmes sur les biens de leurs maris (l. 17, § 1. — l. 19, D., 42-5. — l. 29, D., 46-2). — Or, nous pensons qu'il faut faire une distinction que certains interprètes se refusent à admettre, et qu'on doit dire que les priviléges qu sont un droit de la personne même du cédant, ne sont transmissibles ni par succession, ni par le moyen de la cession. A cela, on fait des objections qui ne sont pas sans portée. On dit que, en raisonnant ainsi, nous faussons singulièrement la théorie de la cession des créances, en droit romain.

En vertu de quelle qualité, en effet, le cessionnaire agissait-il sous l'empire de ce droit? Il n'é-
tait, nous nous le rappelons, que simple mandataire; les droits qu'il invoquait n'étaient pas les
siens, mais ceux du cédant, lequel n'avait jamais
cessé d'être créancier. Il n'y avait donc pas lieu de
modifier la situation du débiteur cédé, quand le
créancier donnait à un tiers mandat d'exercer
les poursuites : « Id inter ementem et vendentem
agitur, ut neque ampliùs neque minùs juris emptor habeat... ». (l. 2, D., 18-4).

La même idée se retrouve dans le passage suivant : « Ex nominis emptione dominium rerum
obligatarum, ad emptorem non transit, sed vel in
rem suam procuratore facto, vel utilis secundùm
ea quæ pridem constituta sunt, exemplo creditoris, persecutio tribuitur. » (l. 4, C. 4-39.) Il est
vrai que la *procuratio in rem suam* n'est pas un
mandat ordinaire, le mandataire, dans l'espèce,
n'étant pas tenu de rendre ses comptes et gardant
le profit qui résulte de la condamnation.

Mais en quoi cette observation tranche-t-elle la
question? Si on l'acceptait, cela reviendrait à dire
que, du moment qu'il y a une exception aux règles ordinaires du mandat, il est nécessaire d'en
créer d'autres; d'ailleurs, nous n'examinons pas
maintenant les rapports qui existent entre le cédant et le cessionnaire, mais les rapports du cessionnaire et du cédé. Or, quant à ces deux dernières personnes, l'idée de mandat est parfaite.

Nous ne contestons pas la valeur de ces raisons ; cependant il nous semble qu'on exagère quelque peu, quand on ne tient pas compte du but final auquel tend la *procuratio in rem suam*, et cela pour appliquer strictement, nous dirions presque d'une façon aveugle, les règles du mandat. En effet, à quoi arrive-t-on? A faire profiter, dans l'espèce, un tiers de mesures exceptionnelles, créées en faveur d'une personne, qui n'en retire aucun profit. D'ailleurs, les Romains ont-ils, comme on le prétend, repoussé la distinction que nous voulons établir entre les *privilegia causæ* et les *privilegia personæ*? C'est, en définitive, encore de l'examen des textes que la solution de la difficulté doit dépendre.

Remarquons tout d'abord qu'on ne saurait se prévaloir, pour décider que les causes de préférence attachées à la créance, en considération de la personne du créancier, profitent au cessionnaire, de la règle que nous avons posée plus haut : « Sont cessibles les droits qui dérivent de la qualité personnelle du créancier ». (L. 21, *de min. vig.*) Car, comme le dit fort bien M. Accarias (*Pr. de dr. rom.*, t. II, p. 544, nº 1), ce cas n'a pas : « trait à des priviléges proprement dits, c'est-à-dire à des droits de préférence ; ce n'est qu'une application de la règle générale qui veut que le cessionnaire entre dans les droits du cédant ».

La question demeure donc entière et exige, pour être résolue dans le sens des adversaires, d'autres

preuves que celle-là. On nous oppose deux textes :
le premier est tiré d'un passage d'Ulpien : « Eorum
ratio prior creditorum quorum pecunia ad credito-
res privilegiarios pervenit. » (L. 24. § 3, D., 42-5.)

La pensée du jurisconsulte est que le cessionnaire oppose valablement au débiteur les droits de
préférence, que le cédant pouvait invoquer contre
lui. Or, nous ne voyons pas que cette idée soit
contraire à notre interprétation, car nous admettons que les priviléges, le plus grand nombre
d'entre eux, ceux qui sont des qualités substan-
tielles de la créance, sont cessibles ; et comme le
texte ne nous dit pas que les *privilegia personœ*
sont transmissibles par la voie de la cession,
nous n'avons pas des motifs suffisants de croire
que c'est à eux qu'il s'applique. Du reste nous
verrons bientôt que raisonner autrement serait
provoquer, de gaieté de cœur, des contradictions
entre les différents textes.

Le second argument qu'on fait valoir contre
nous est une décision de Modestin : « Herennius
Modestinus respondit, ejus temporis, quod cessit,
postquam fiscus debitum percepit, eum qui mandatis a fisco actionibus experitur, usuras quæ in
stipulatum deductæ non sunt, petere posse. »
(L. 43, D. 22-1). Le privilége du fisc est de voir les
intérêts courir, à son profit, alors même qu'aucune stipulation n'est intervenue sur ce point ;
or, dit-on, si le cessionnaire peut se prévaloir du
droit du fisc, pour réclamer ces intérêts, il utilise

à son profit un privilége personnel du cédant. Nous ne pouvons accepter ce raisonnement, sans qu'il soit besoin, pour le repousser de faire une modification de texte, et d'intercaler, comme dans les Basiliques, un « *non* » entre *petere* et *posse*.

En effet, la L. 43 ne peut pas plus nous être opposée que la L. 21 *de minor.*, dont nous avons dit quelques mots précédemment, car la question qu'elle touche est tout à fait étrangère à notre matière. Le droit de demander des intérêts ne constitue pas un privilége, un droit de préférence; or, c'est seulement de ce dernier cas que nous parlons. Quant aux intérêts auxquels le jurisconsulte fait allusion, ils constituent un droit, ayant sa cause dans la faveur due au cédant, et nous savons que ces droits sont transmissibles par la *procuratio in rem suam.*

Arrivons maintenant aux textes, que nous donnons pour base à notre opinion. Ceux que les adversaires opposent ne disent rien, n'établissent nullement leur doctrine; la L. 42, D. 26-7 au contraire ne laisse aucun doute, dans le sens des idées que nous défendons.

Papinien résout la question de la façon la plus formelle : « Ex pluribus tutoribus in solidum unum tutorem judex condemnavit : in rem suam judicatus procurator datus, privilegium pupilli non habebit; quod nec heredi pupilli datur; non enim causæ sed personæ succuritur, quæ meruit præcipuum favorem. » Qu'avons-nous soutenu ? Qu'il fallait distinguer entre les *privilegia personæ* et les *privilegia causæ*, à l'effet de déclarer les premiers incessibles. Or, Papinien pose tout à la fois le principe de la distinction : « non enim causæ sed personæ succuritur », et en fait l'application dans la première partie de la loi. Il déclare que le cessionnaire d'une créance appartenant à un pupille contre son tuteur ne peut s'autoriser du privilége du pupille contre ce dernier.

Nous trouvons la même distinction, dans ce texte de Paul : « In omnibus causis id observatur : ut ubi personæ conditio locum facit beneficio, ibi deficiente ea, beneficium quoque deficiat. » (L. 68. D. 50-17). Donc, nous sommes amenés à dire que la question de savoir si les priviléges du cédant contre le débiteur, passent au cessionnaire, dépend de la cause de leur existence. Existent-ils dans l'intérêt de la personne du cédant, ces priviléges s'éteignent par le fait de la *procuratio in rem suam;* sont-ils, au contraire, une qualité de la créance elle-même, ils passent au cessionnaire.

La réciproque de la question, que nous venons d'examiner, est-elle vraie ? Peut-on dire, à l'inverse, que le cessionnaire ne recueillant pas les priviléges personnels du cédant, doit pouvoir opposer ceux qui lui sont propres ?

Nous ne le pensons pas; le cessionnaire exerce les droits du cédant. Il ne peut donc pas mettre le débiteur dans une situation plus mauvaise que celle qu'il occupait antérieurement au transport. Sans doute, le débiteur qui profite de l'extinction des priviléges personnels au cédant, ne se verra pas opposer les priviléges personnels au cession- naire. Mais cela se comprend; le débiteur est demeuré complétement étranger au transport, et si sa position, dans certains cas, est susceptible d'amélioration, elle ne doit pas être empirée.

Cette règle est absolue ; cependant nous trou- vons deux textes au Digeste qui semblent créer une exception pour le fisc : « Fiscus, quum in pri- vati jus succedit ; privati jure pro anterioribus suæ successionis temporibus utitur : ueterum postea- quam successit, habebit privilegium suum » (Ulp., l. 6, D., 49-14).

«Si debitores qui minores semissibus præstabant usuras fisci esse cœperunt, posteaquam ad fiscum transierunt, semisses cogendi sunt præstare» (Paul, l. 17, § 6, D., 22-1). Paul et Ulpien suppo- sent que le fisc recueille des créances ; si les inté- rêts dus aux créanciers originaires sont inférieurs à 6 0/0. ou même s'ils ne courent pas contre le débiteur, la chose importe peu, le fisc peut les exiger au taux du 6 pour 0/0. Ainsi, au pre- mier abord, une exception au principe, que le cessionnaire ne bénéficie pas de ses priviléges per- sonnels, semble avoir été introduite en faveur du fisc. Cependant, comme ie fait remarquer avec raison M. Molitor (*loc. cit.*, p. 675), les lois 6 et 17 ne parlent pas de cessions de créances à titre parti-

culier, mais se rapportent plutôt au cas de successions à titre universel. Remarquons en effet ces
mots: « in jus succediit..... debitores fisci esse cœperunt. »

Ceci du reste se justifie fort bien : Secundus
succédant à Primus, prend la place de ce dernier ;
Secundus au contraire se faisant consentir par
Primus une cession de créance contre Tertius,
c'est Primus qui est censé exercer lui-même les
poursuites ; c'est lui en effet qui reste créancier,
Secundus le représentant en vertu d'un mandat.

Le principe que le cessionnaire n'a que les droits
du cédant, souffre une exception, pour les priviléges qui ne touchent pas au fond de la créance,
mais qui concernent la procédure. Aussi le cessionnaire pourra-t-il se prévaloir des *beneficia fori,
de non appelando, non prœstandœ cautionis*. Quant
au *beneficium œtatis*, il sera valablement invoqué,
en tant qu'il aura pour but de faire restituer le
mineur cessionnaire contre un acte de procédure
(l. 7, § 3, D., 4-4).

Nous avons terminé l'examen des privilèges que
le cessionnaire peut ou ne peut pas opposer au cédé :
voyons maintenant les exceptions dont ce dernier
est autorisé à se prévaloir contre le cessionnaire.

Un principe certain, et sur lequel nous avons eu
à insister souvent est que le *procurator in rem
suam* ne saurait avoir plus de droits que son mandant. Dès lors, le débiteur cédé sera admis à lui opposer valablement les exceptions *ex personâ ce-*

dentis, si elles ont une cause antérieure à la *litis-contestatio* ou à la *denunciatio,* suivant les époques auxquelles on se place. Et nous donnons cette règle comme absolue, sauf toutefois une dérogation en ce qui concerne les exceptions, se rattachant à la procédure. Ainsi le débiteur ne pourrait pas opposer au cessionnaire non étranger l'exception du défaut de cautionnement, au moyen de laquelle il aurait paralysé l'action du cédant étranger.

Mais en dehors de ce cas, le débiteur a contre le cessionnaire toutes les exceptions qu'il avait contre le cédant.

On a prétendu cette solution inexacte, pour l'exception résultant d'un pacte de remise *in personam* et cela sur le fondement de deux textes:

«Si ex altera parte in rem, ex altera in personam pactum conceptum fuerit, veluti, ne ego petam, vel ne a te petatur : heres meus ab omnibus vobis petitionem habebit, et ab herede tuo omnes petere poterimus » (l. 57, § 1, D., 2-14). L'hypothèse prévue par le texte prouverait quelque chose contre nous, s'il s'agissait d'un *procurator in rem suam.* Mais il importe de remarquer que tel n'est pas le cas ; la l. 57 parle seulement de l'héritier qui succède véritablement au créancier, tandis que le *procurator* laisse subsister intacts les rapports entre le cédant et le cédé.

Enfin on nous oppose ce passage de Gaius : « Si filius aut servus pactus sit, ne ipse peteret, inutile pactum est. Si vero in rem pacti sunt, id est,

ne ea pecunia peteretur : ità pactio eorum rata
habendam erit adversus patrem, dominumve, si
liberam peculii administrationem habeant») l. 28.
D., *de pactis*, 2-14). Or, dit-on, il n'est pas possible
d'indiquer plus clairement la distinction que nous
avons faite ; quand un fils de famille ayant un pé-
cule a consenti *donandi causâ* à son débiteur un
pacte ainsi conçu : « *Moi* je vous promets de ne rien
vous demander », ce pacte ne peut être opposé au
paterfamilias. Que si le pacte de remise est *in rem*
et à titre onéreux, il lui sera au contraire opposable.

Mais remarquons qu'il ne s'agit pas ici de cession de créances. Le pacte *de non petendo*, dans
notre première hypothèse, sera sans effet à l'égard
du père, parce que telle a été la pensée du fils,
qui s'exprime par ce simple mot : « *ipse,* » et que,
d'ailleurs, le fils ne peut faire des actes à titre gratuit. Nous devons donc conclure que le cessionnaire sera, comme le cédant lui-même, repoussé
par l'*exceptio pacti de non petendo in personam,*
consentie à la personne du cédé.

On a soulevé, à l'occasion de l'exception de dol,
une question identique : on s'est fondé sur deux
textes du Digeste : « De auctoris dolo emptori exceptio non objicitur. Si autem accessione auctoris
utitur, æquissimum visum est, cum qui ex personâ auctoris utitur accessione, pati dolum auctoris. Et peræque traditur rei quidem cohærentem
exceptionem etiam emptori nocere, eam autem

quæ ex delicto personæ oriatur, nocere non oportere » (l. 4, § 27, 44-4).

« Si cum legitima heredits Gaii Seii ad te perveniret, et ego essem heres institutus, persuaseris mihi per dolum malum, ne adeam hereditatem, et posteaquam ego repudiari hereditatem, tu eam Sempronio cesseris, pretio accepto, isque a me petat hereditatem, exceptionem doli mali ejus qui ei cessit, non potest pati » (l. 4, § 28, 44-4). Ainsi le principe évident qui ressort de ces deux décisions est que l'acquéreur n'est pas victime du dol commis par son auteur.

Nous n'acceptons pas cette idée en matière de cession de créances; sans doute, le vendeur qui a été victime du dol de son acheteur ne peut opposer à un sous-acquéreur l'*exceptio doli mali*, car ce dernier tient ses droits d'une personne qui, nous le supposons, était propriétaire et les lui a valablement transmis. Mais tel n'est pas notre cas. Ne perdons pas de vue, en effet, que, même après la cession, le cédant est toujours créancier, et, par conséquent, que les exceptions, au moyen desquelles le débiteur peut paralyser son action, sont opposables à son *procurator* comme à lui-même.

Cette même raison écarte un système intermédiaire qui, se fondant sur les mots « *pretio accepto* » de la loi 28, à laquelle nous refusons toute valeur, dans notre espèce, distingue entre les cessions de

créances à titre gratuit et les cessions à titre onéreux.

Le cédé peut donc opposer au cessionnaire
toutes les exceptions *ex persona cedentis;* c'est
ainsi qu'il repoussera le *procurator* par les exceptions « senatusconsulti Macedonii, senatusconsulti Velleiani, indebiti, doli mali, etc. » Toutefois, nous ne pouvons pas abandonner cette
matière sans dire un mot de l'exception de compensation. Quand une cause de compensation
légale s'est produite dans les rapports du cédé et
du cédant, et cela antérieurement à la *litiscontestatio* ou à la *denunciatio*, l'exception qui en résulte
est opposable au cessionnaire; sur ce point, il ne
saurait y avoir de doute. Mais à côté de la compensation légale qui se produit lorsque les dettes
sont liquides et exigibles, il y a la compensation
judiciaire se réalisant par le moyen d'une demande
reconventionnelle. Or, cette cause de compensation est-elle opposable au cessionnaire?

Si, pour trancher la question, on se réfère aux
textes, on aboutit à des contradictions que les interprètes ont en vain cherché à faire disparaître.
Ulpien semble admettre que le *procurator* est tenu
de répondre à la demande reconventionnelle : « Si
« quis in rem suam procurator interveniat ; adhuc
« dicendum eum debere defendere » (l. 33, § 5, D.,
3-3). C'est dans le même sens que Scævola résout
la question (l. 70, D., 3-3). Gaïus nous dit, au contraire : « Si quis in rem suam procuratorio nomine

agit, veluti emptor hereditatis ; an debeat invicem venditorem defendere? et placet, si bonâ fide, et non in fraudem eorum, qui invicem agere vellent, gestum sit negotium, non oportere eum invicem defendere » (l. 34, D. 3-3). Les interprètes ont mis à contribution toutes les ressources de leur imagination pour trouver le moyen de concilier ces textes. Les uns se sont servis du procédé ordinaire des distinctions qui, en général, explique tout, même les choses inexplicables, et ils ont dit : « Gaïus ne prévoit pas la même hypothèse qu'Ulpien, car il suppose la vente forcée d'une hérédité ; aussi comprend-on que, dans ce dernier cas, l'acquéreur ne soit pas tenu de répondre à la demande reconventionnelle contre le cédant. »

Cette interprétation est ingénieuse, mais elle ferait beaucoup plus d'honneur encore à ceux qui l'ont trouvée, si on prenait soin de la justifier ; c'est malheureusement ce qu'on a omis de faire. — D'autres personnes ont prétendu que la traduction qu'on avait donnée, jusqu'ici, du mot « defendere », était inexacte et que par suite la difficulté venait d'un contre-sens. En effet, l'expression « invicem defendere » signifie bien demande reconventionnelle, mais le mot « defendere » est également, dans beaucoup de textes (v. notam. l. 43, § 3, et 4, D., 3-3; — l. 5, § 3, D., 46-7), synonyme de « satisdare. » Or, cette idée admise, on voit que les jurisconsultes ont traité une question de satisdation. Ce raisonnement ne nous tou-

che pas, car on ne craint pas d'escamoter, pour
les besoins de la cause, le mot « *invicem* » qui
change complétement la signification qu'on voudrait attribuer au verbe « *defendere.* »

D'ailleurs nous ne voyons pas pourquoi on se
refuse à admettre la contradiction de Gaius et Ulpien, quand elle s'explique d'une façon bien simple. En effet, il nous paraît probable que la question de savoir si le cessionnaire était tenu de répondre à la demande reconventionnelle contre le
cédant, fut autrefois controversée, et que c'est par
mégarde que les deux opinions ont été reprodui-
tes au Digeste. Maintenant, qui l'a emporté, de
Gaius ou d'Ulpien? C'est là une difficulté, pour
la solution de laquelle, nous n'avons pas des éléments suffisants d'appréciation.

Les exceptions *ex personâ cedentis*, ne sont pas
les seules qui existent au profit du débiteur cédé ;
il y en a d'autres qui tirent leur origine de la personne même de ce dernier, *ex personâ debitoris.*
Or, ces exceptions sont-elles opposables au cessionnaire ?

Le principe de la *procuratio in rem suam* nous
conduit à ce résultat.

Cependant la chose a été contestée, notamment
en ce qui concerne le *beneficium competentiæ;*
ainsi on a prétendu que le débiteur n'était pas
admis à se prévaloir contre le cessionnaire du droit
qu'il tenait de la convention ou de la loi, de n'être
condamnée envers le cédant que jusqu'à concur-

rence de ses ressources. On a dit en effet que les motifs qui déterminent la faveur du bénéfice de compétence, quand le débiteur est poursuivi par le cédant, n'existent plus dans le cas d'une *procuratio in rem suam*. Mais nous savons quelle est la fausseté de cette idée ; les rapports entre le cédé et le cédant ne sont pas détruits par le fait de la cession. On ne comprendrait pas d'ailleurs que le débiteur qui n'a pas figuré dans la cession pût voir sa condition empirée par une opération à laquelle il est demeuré étranger.

Quant à l'argument de texte qu'on nous oppose, il n'a pas de valeur : « Si te donaturum delegavero creditori meo, an in solidum conveniendus sis ? Nulla creditor exceptione summoveretur, licet is qui ei delegatus est poterit uti adversus eum, cujus nomine promisit » (l. 41, D., 42-1).

La lecture de ce passage suffit à sa réfutation ; de quoi s'agit-il en effet ? De la cession de créance, réalisée par la stipulation novatoire et non par la *procuratio in rem suam ;* or, il est facile de voir, d'après la nature de ces deux procédés, que les résultats doivent être différents. Dans la délégation, le débiteur cédé s'oblige envers le cessionnaire, le cédant disparaissant complétement de la scène. Dans la *procuratio in rem suam*, au contraire, le cessionnaire agit comme mandataire du cédant, lequel continue à être créancier. Dès lors, si dans le premier cas, le débiteur ne peut pas opposer au délégataire l'exception, tirée du bénéfice de compétence, ce n'est pas une raison pour adopter, dans le second, une solution identique.

D'ailleurs nous ne sommes pas réduits, pour justifier notre opinion, à réfuter seulement la doctrine des adversaires.

Gaius nous procure même, dans un texte très-clair, un argument *à fortiori* : « Si post divortium « mortuà muliere, heres ejus cum viro, parenteve « ejus agat : eadem videntur de restituendà dote, « eadem videntur de restituendâ dote intervenire, « quæ ipsa muliere agente observari solent. » (L. 27, D., 24, 3.)

En résumé, quelle que soit la cause des exceptions, soit qu'elles se rattachent à la personne du cédant, soit qu'elles tirent leur origine de la personne du cédé, peu importe, elles sont toutes opposables au cessionnaire.

Mais en est-il de même de celles qui sont personnelles à celui-ci, *ex personâ cessionarii ?*

Les principes du mandat nous conduiraient logiquement à admettre la négative ; car si, en fait, c'est le cessionnaire qui agit, en droit c'est le cédant. Toutefois, il ne faut pas exagérer cette idée, le mandataire devant garder en définitive le profit de la créance. Aussi le débiteur pourra-t-il opposer les exceptions qui auront pris naissance dans un fait personnel au cessionnaire. C'est par application de cette doctrine, que le jurisconsulte Ulpien nous dit, dans le passage suivant : « Quæsitum est an de procuratoris dolo, qui ad

agendum tantum datus est, excipi posset? Et
puto recte defendi, si quidem in rem suam procurator datus sit ; etiam de præterito ejus dolo
(hoc est, si ante acceptum judicium dolo quid fecerit) esse excipiendum ; si vero non in rem suam
dolum præsentem in exceptione conferendum. »
(l. 4, § 18, D., 44-4.)

Ainsi le débiteur cédé a contre le cessionnaire,
coupable de dol, l'exception *doli mali*, sans qu'on
ait à se demander si le dol s'est produit, avant ou
après la *denunciatio*. Il faut donner la même solution pour le cas où le cessionnaire a consenti au
cédant un pacte de remise, etc...

Terminons par une simple observation : aux
exceptions du cédé, le cessionnaire peut opposer
des répliques, soit du chef du cédant, soit de son
propre chef. Ainsi, supposons qu'un pacte *ut petatur* soit intervenu entre le cessionnaire et le
cédé, à l'effet d'annuler un pacte *de non petendo*
antérieurement consenti ; si le débiteur oppose
l'*exceptio pacti conventi* le cessionnaire triomphera
au moyen de l'*exceptio doli*.

Période postérieure à la litiscontestatio.

Avant l'introduction, dans la pratique, de la formalité de la *denunciatio* ayant pour objet de donner au droit du cessionnaire le caractère de stabilité et de certitude qui lui faisait défaut, la *litiscontestatio* était très utile ; il en fut encore ainsi tant

que la concession par le préteur des actions utiles, n'eut pas corrigé les périls que faisaient courir au droit du cessionnaire les principes ordinaires, en matière de mandat. Mais alors elle perdit une grande partie de son importance. Cependant, elle en conserva assez, pour qu'il ne fût pas permis de dire que la période postérieure ne se différenciait en rien de la période antérieure à la *litiscontestatio*.

Le principe, en vertu duquel le cessionnaire agit, dans l'un et l'autre cas, n'est plus le même. Avant la *litiscontestatio*, c'est un simple mandataire, poursuivant le débiteur, au nom du créancier originaire. Après la *litiscontestatio*, il y a une véritable transformation ; ainsi quand le débat prend son origine dans une action personnelle, légitime, et conçue *in jus*, la *litiscontestatio* produit une véritable novation. Le droit ancien, fondement primitif de l'action, est éteint *ipso jure*, et un droit nouveau, ayant pour objet le profit éventuel de la condamnation, prend naissance dans la personne du cessionnaire : « ante litem contestatam dare reum oportere, post litem contestatam, condemnari oportere » (Gaius, 111, § 180).

Mais cette novation est loin de produire les effets ordinaires de la *delegatio* ; dans cette dernière, en effet. le droit nouveau est absolument limité, quant à son étendue, par la stipulation qui le forme. La *litiscontestatio* au contraire n'empêche pas les accessoires de l'ancienne créance de passer, *ipso facto*, à la nouvelle : « Aliam causam novationis esse voluntariæ, aliam judicii accepti, multa exempla ostendunt. Perit privilegum dotis... si id specialiter actum est : quo nemo dixit lite contestata. Neque enim deteriorem causam nostram facimus actionem exercentes, sed meliorem » (1. 29, D., 46-2, Comp. 1. 35, D., 22-1). Quoi qu'il en soit, le cessionnaire, par la *litiscontestatio*, a contre le débiteur un droit consistant dans la créance éventuelle que lui donnera la condamnation. De là plusieurs conséquences :

1° Créancier lui-même du débiteur, il peut, contrairement à ce qui se produit avant la *litiscontestatio*, se prévaloir de priviléges à lui personnels.

2° On ne peut plus lui opposer les exceptions, qui prendraient naissance dans la personne du débiteur, du chef du cédant.

3° Le cessionnaire peut disposer de son droit ; nous avons dit que, dans l'époque antérieure à la *litiscontestatio*, le *procurator* n'avait aucune qualité, pour céder lui-même la créance à un tiers, en donnant de son côté une *procuratio in rem suam*. Après la *litiscontestatio*, il en est autrement : « Nulla dubitatio est, post causam in judicio agitatam, utpote dominum litis procuratorem effectum, etiam post excessum ejus, qui agendam vel defendendam litem mandaverat, posse incohatam causam jurgiumque finire : quippe cum et procuratorem posse eum instituere, veteris juris vo-

luerunt conditores. » (l. 23 C., 2-13). Ce texte de
l'empereur Julien ne laisse donc pas de doute sur
la question, qui, d'après les idées que nous avons
émses, ne pouvait être logiquement tranchée
dans un sens différent.

4º Il peut opposer au débiteur qui l'actionne en
paiement d'une dette, la créance qui résulte de la
litiscontestatio : « In rem suam procurator datus,
post litiscontestationem si vice mutuà conveniatur, æquitate compensationis utetur. » (l. 18 pr.
D., 16-2).

Nous avons terminé les effets des cessions de
créances; il nous reste à étudier dans un appendice, les réformes restrictives introduites, dans
cette matière, par les empereurs Justinien et
Anastase.

APPENDICE

RÉFORMES RESTRICTIVES INTRODUITES PAR ANASTASE ET JUSTINIEN

Dans le dernier état du droit, on était arrivé à
faire disparaître tous les inconvénients que la
pratique avait révélés, comme étant un obstacle
à la cession des créances. Et on peut dire avec
M. Accarias, qu'à ce moment, « la *procuratio in
rem suam* une fois signifiée, mais alors seulement, devient l'exact équivalent de la tradition. »
(*Précis de dr. Rom.*, t. II p. 541.)

Cependant des abus ne tardèrent pas à se produire. L'esprit de spéculation et de lucre se glissa dans les transports et on vit bientôt des hommes sans aveu se mettre à la poursuite des droits contestés ou des créances dont le recouvrement, à raison de l'état d'insolvabilité du débiteur, paraissait difficile, dans le but de les acheter à bon compte et d'en tirer, au moyen de mesures vexatoires sur la personne du cédé, un profit honteux. Cette situation exigeait une intervention législative.

L'empereur Anastase édicta, sur ce point, une Constitution fameuse (1. 22, C. 4-35), dans laquelle il décida que le débiteur pourrait toujours se soustraire aux poursuites du cessionnaire, en lui remboursant le prix de cession. C'est ce qui a été reproduit, dans notre droit, sous le nom de retrait litigieux. Mais remarquons que la *lex Anastasiana*, ayant eu pour but de supprimer la spéculation, en pareille matière, devait nécessairement créer des exceptions pour le cas où se trouverait absente l'idée de spéculation. C'est ainsi que sont exceptées :

1° La cession faite entre héritiers, ou colégataires pour faciliter les opérations du partage.

2° La cession qui est consentie par un débiteur à son créancier, à titre de *datio in solutum*.

3° La cession faite à un tiers pour la conservation de sa chose. Ainsi, quand Primus a une chose hypothéquée à la dette Secundus, s'il se fait con-

sentir le transport de la créance par Tertius, il
sera présumé agir, non pas dans le but de spéculer, mais dans la pensée de libérer sa chose des
conséquences de l'hypothèque.

4° *La cession à titre gratuit.* — Les donataires ne
sont pas des spéculateurs, car ils n'achètent pas
pour revendre avec bénéfice ; on ne comprendrait
pas alors que le débiteur pût profiter d'un transport consenti par le cédant, dans un esprit exclusif
de libéralité.

D'ailleurs, quelles seraient les conditions du
retrait ? Le débiteur ne pourrait pas se libérer, en
payant un prix quelconque, puisque le donataire
n'a rien donné pour déterminer en sa faveur la
transmission du droit ; il faudrait alors déclarer
le cédé purement et simplement libre de toute
obligation, et on comprend que cela ne soit pas
possible.

Maintenant, arrivons à préciser les limites
dans lesquelles il faut renfermer les innovations
d'Anastase. Faut-il dire qu'elles sont applicables
à toutes les cessions à titre onéreux. ? Quelques
interprètes, notamment M. Accarias dans son
excellent *Précis de droit Romain* (t. II, p. 543,
n° 3), ont émis cette opinion que la loi *per diversas* ne s'appliquait qu'aux créances litigieuses,
c'est-à-dire aux droits « sur lesquels existent les
éléments d'un procès non encore engagé. » Nous
ne pouvons nous rallier à cette idée, car le fonde-

ment qu'on lui donne n'est pas suffisant à nos yeux.

Il ne suffit pas, en effet, pour restreindre les effets d'une mesure législative, de dire qu'elle est excessive et qu'on ne doit pas l'exagérer, il faut encore montrer que cette restriction a été faite par la loi. Or, rien ne prouve qu'elle ait eu lieu ; nous ne trouvons aucun texte qui nous autorise à faire, au point de vue de l'application de la Constitution d'Anastase, une distinction entre les droits litigieux et les droits non litigieux. Nous dirons donc que le débiteur cédé aura toujours contre tout cessionnaire à titre onéreux, en dehors des exceptions prévues, le bénéfice du retrait. Cette solution du reste se comprend, si elle ne se justifie pas, par la puissance de réaction qui se produisit, à la demande générale « per diversas interpellationes, » contre les abus criants du système antérieur. La spéculation pouvant exister, même au cas où la créance est certaine, quand la solvabilité du débiteur est quelque peu douteuse, on comprend qu'on ait voulu l'empêcher à tout prix.

Mais la répression Anastasienne qui semblait devoir arrêter complétement la spéculation, ne réussit qu'à la déconcerter pendant quelque temps ; bientôt la pratique trouva le moyen de l'éluder, notamment en se servant des exceptions. C'est ainsi qu'on profita de cette circonstance, que les donataires de créances étaient dispensés des rigueurs de la loi pour dissimuler des transports à titre onéreux, sous les apparences de cessions à titre gratuit. Telle fut la raison qui motiva la Constitution de Justinien : « Si quis autem occulte aliud quidem agere conatur, et pecunias pro parte accipit, et vendit particulatim actiones, partem autem donare simulat, vel ipsi qui emptionem actionis (partem) subit, vel forsitan alii per suppositam personam (quia et hoc sæpius perpetratum esse didicimus) hujusmodi machinationem penitus amputamus, ut nihil amplius accipiat, quam ipse vero contractu re ipsa persolvit, sed omne quod superfluum est, et per figuratam donationem translatum, inutile esse ex utrâque parte censemus... » (1. 23, C. 4-35).

Ainsi la donation partielle fut défendue, et les dissimulations de contrats à titre onéreux, sous la forme de donations, sévèrement sanctionnées. Mais ce n'est pas tout ; Justinien est allé plus loin. Il a supprimé, dans les contrats à titre onéreux, les justes causes, en vertu desquelles le cessionnaire pouvait échapper aux effets de la loi *per diversas*. Par conséquent, désormais il ne fut plus possible de réclamer, au lieu du prix de cession à la personne du débiteur cédé, la valeur nominale de la créance, sous prétexte d'un transport entre héritiers, etc...

Mais qui doit faire la preuve du prix de cession ? Est-ce au débiteur à démontrer que le cessionnaire a payé au cédant, une somme inférieure à la valeur nominale de la créance ; ou bien est-ce au cessionnaire à établir que la somme qu'il réclame n'est pas supérieure à celle qu'il a déboursée ? A s'en tenir aux idées générales sur la marche de la procédure à Rome, il semble que le doute n'est pas possible. En effet, le cessionnaire agissant contre le cédé n'a qu'à prouver que la créance existe et qu'il en est propriétaire ; si le défendeur lui oppose l'exception *legis Anastasiæ*, pour bénéficier de la différence entre le prix du transport et le chiffre de la créance, c'est à lui qu'incombera le fardeau de la preuve.

Mais cette manière de raisonner a un grand inconvénient ; elle paralyse le plus souvent en fait le moyen de défense que la loi accorde au cessionnaire. Comment saura-t-il ce qui s'est passé entre le cédant et le cessionnaire, alors surtout qu'on aura pris les précautions les plus grandes pour lui cacher les conditions du transport ? Dans tous les cas, le débiteur sera obligé de se livrer à des investigations difficiles et quelquefois même il sera entraîné à employer des moyens peu honnêtes pour surprendre le secret qu'on lui cache.

Or, nous ne pouvons pas croire que ce résultat ait été voulu par la loi. D'ailleurs, il n'est pas vrai de dire que le droit pour le débiteur de se prévaloir de la disposition d'Anastase, soit une exception véritable. Les textes présentent la chose d'une façon absolument différente : « Ità tamen, ut si quis datis pecuniis hujusmodi subie-

rit cessionem, usque ad ipsam tantummodo solu-
tarum pecuniarum quantitatem, et usurarum ejus
actiones exercere permittatur. » (l. 22, C. 4-35).
On voit par ces mots, que la loi n'accorde pas au
débiteur une exception, destinée à paralyser l'action du cessionnaire, mais bien au contraire
qu'elle limite l'exercice de cette action à la somme
déboursée. Sous une autre forme, c'est dire : le
cessionnaire n'a d'action contre le débiteur que
pour rentrer dans ses déboursés ; or, comme à tous
les demandeurs, c'est à lui qu'incombe la charge
le prouver la réalité de son action. La chose du
ηste lui sera facile ; il n'aura qu'à présenter l'acte
d cession.

Cette interprétation est encore fortifiée par
ce passage de Justinien qui, se référant au retrait
d'Anastase, emploie la même forme restrictive de
l'action du cessionnaire et non pas attributive
d'une exception à la personne du débiteur
cédé :«... et ne amplius a debitore consequatur
(cessionarius) his quæ præstitit cessionis auctori »
(l. 23, C, 4-35).

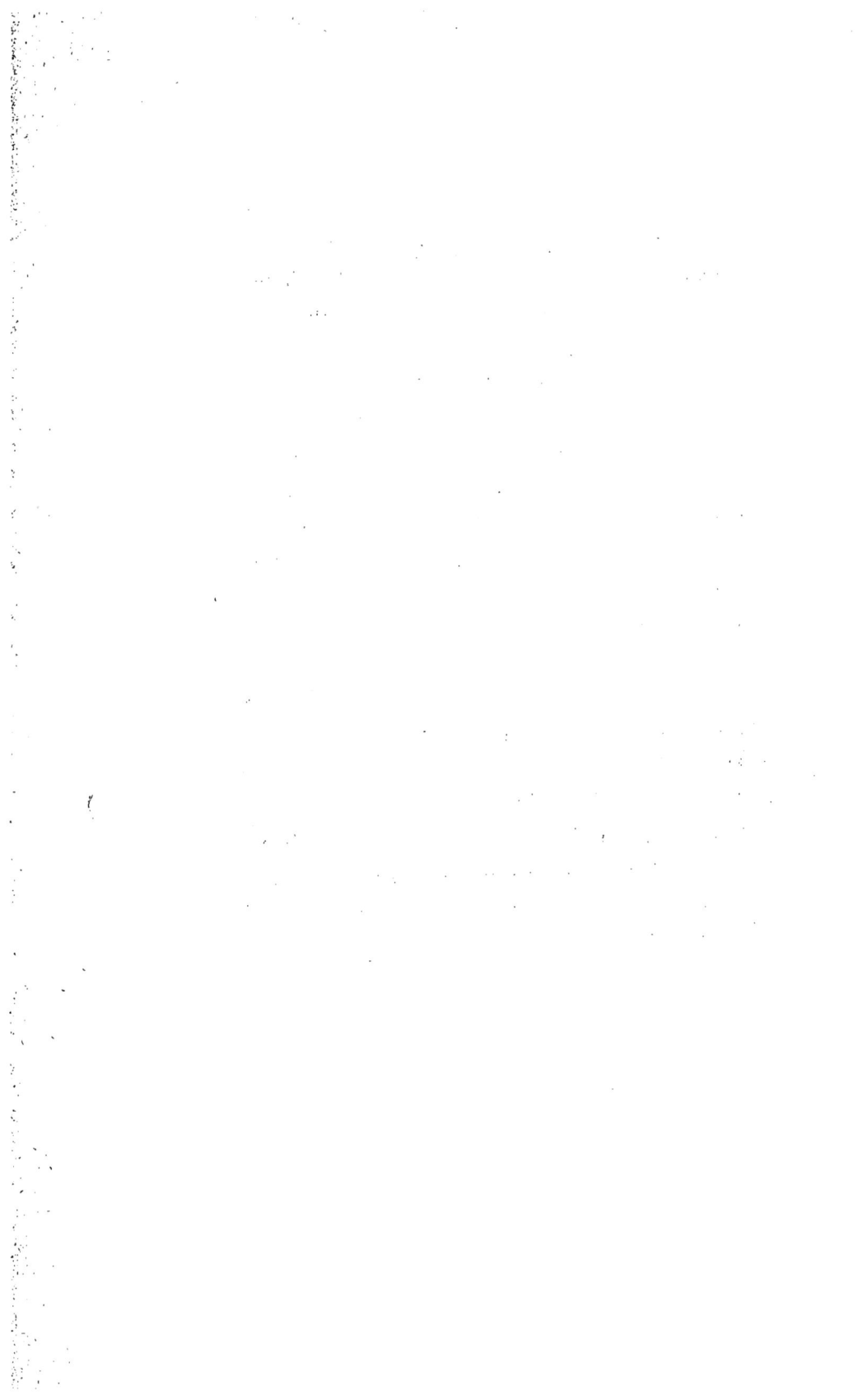

DROIT FRANÇAIS

DE LA CESSION DES CRÉANCES

EN DROIT CIVIL

NOTIONS GÉNÉRALES

Nous venons de voir que le principe de l'aliénabilité des créances n'avait pas été, tout au moins
dans la théorie rigoureuse du droit, consacré par
la législation romaine. Pour rester dans la logique, dont le culte était souvent poussé par les
jurisconsultes jusqu'à l'exagération, on avait sur
ce point, comme en beaucoup d'autres, fait violence aux nécessités pratiques.

Mais ce respect des principes ne fut qu'apparent.
Nous savons que l'incessibilité des créances con-
tinua d'exister, mais en droit seulement ; en fait,
on trouva, dans le double procédé de la *delegatio*
et de la *procuratio in rem suam*, le moyen de tout
concilier.

Le droit coutumier a-t-il, à cet égard, posé une

règle nouvelle, ou bien a-t-il servilement adopté le
système du droit romain? Pour nous éclairer sur
cette question, il est nécessaire de se reporter aux
déclarations de nos anciens auteurs : « Une créance
étant un droit personnel du créancier, un droit
inhérent à la personne, elle ne peut pas, à ne
considérer que la subtilité du droit, se transporter
à une autre personne, ni par conséquent se vendre;
elle peut bien passer à l'héritier, parce que l'héritier est le successeur de la personne et de tous les
droits personnels du défunt. Mais, selon la subtilité du droit, elle ne peut passer à un tiers, car le
débiteur s'étant obligé envers une certaine personne, ne peut point, pour le transport de la
créance qui n'est point de son fait, devenir obligé
envers un autre. » (Pothier, *Traité de la Vente*,
chap. IV, art. 1, n° 550).

A s'en tenir aux idées contenues dans ce passage de Pothier, on pourrait croire que les créances, dans notre ancien droit, n'étaient point
susceptibles de transport, leur existence étant
absolument subordonnée au maintien des rapports qu'elles formaient entre le créancier et le
débiteur.

Toutefois il importe de remarquer que, dans
l'espèce, le grand jurisconsulte a pour but de
traiter la question, non pas en l'envisageant au
point de vue du droit positif, mais en la considérant sous un aspect plus élevé, au point de vue
naturel. La preuve est dans les expressions qu'il

emploie et affecte d'employer « *la subtilité du droit.* »

Quand il examine au contraire ce qui avait lieu en fait, il ne dissimule pas qu'on était arrivé à l'aliénabilité des créances; et même c'est à peine s'il essaye de justifier cette solution en la rattachant à l'idée de mandat : «De là il s'est établi dans la pratique qu'on peut transporter les créances, et en disposer à quelque titre que ce soit ; et il n'est pas même nécessaire que l'acte qui en contient le transport, exprime le mandat dans lequel nous venons d'expliquer que ce transport consiste. » (Poth., *loc. cit.*)

Soutenir d'ailleurs que les créances sont incessibles, dans le droit coutumier, c'est se mettre en opposition avec les textes les plus anciens et les écrits les plus formels. Plusieurs ordonnances en effet ont été rendues dans le sens des idées que nous adoptons (V. notamm. Ordonn., 15 mai 1327; 28 décembre 1355 ; 3 mars 1356). De plus, Claude de Ferrière nous dit, dans son commentaire sur l'art. 108 de la coutume de Paris : « La signification du transport avec copie, rend le cessionnaire maître. » Ainsi cet auteur convient que le transport-cession était admis dans notre ancien droit, et il ne prend même pas soin de le justifier à nos yeux, en faisant intervenir l'idée d'un prétendu mandat d'agir en justice que le cédant aurait donné au cessionnaire, mandat dont l'existence, hâtons-nous de le dire, repose sur une sup-

position toute gratuite de la part de Pothier.
(V. aussi Domat, *Loix civiles*, l. I, t. II, sect. IV,
n° 2; l. IV, t. V, § 3.)

Nous pouvons donc, en nous appuyant sur ces
différents textes empruntés à des sources autori-
sées, sans parler des passages que le cadre de notre
sujet ne nous permet pas de citer, arriver à la
conclusion suivante : quelques jurisconsultes,
dans le droit coutumier, ont pu participer à cette
erreur des Romains, que le principe de la cession
des créances était contraire au droit naturel; mais
le droit positif, négligeant ces scrupules, qu'il a
a sacrifiés à l'intérêt de la circulation commerciale,
a permis aux créanciers de faire aux tiers la transmission de leur droit.

Dans notre ancien droit, il ne pouvait y avoir
de question, sur le point de savoir à quel moment
avait lieu la cession, c'est-à-dire sur la détermination précise de l'époque à partir de laquelle le cessionnaire était investi.

En effet, la cession était comme la vente, et, par
suite, comme pour cette dernière, la tradition
était une condition nécessaire au transport. Cette
règle se trouve indiquée dans l'art. 108 de la Coutume de Paris, qui définit ce que doit être la tradition d'une chose incorporelle : « Le transport
ne suffit point, il faut signifier le transport à la
partie et en bailler copie ».

La simple convention n'était donc point suffisante ; pour emporter translation du droit de la

personne du cédant à la personne du cessionnaire, il fallait en outre un signe extérieur, une manifestation publique de la convention, qui devait s'exprimer dans une signification faite au débiteur cédé.

De cette idée que la cession n'existait qu'autant que la signification avait eu lieu, on en tirait plusieurs conséquences :

1° Le créancier originaire pouvait, avant la signification, si la dette était arrivée à son échéance, exercer valablement des poursuites contre le débiteur et le contraindre, par les voies de coercition légales, à se libérer envers lui.

2° Le cessionnaire ne pouvait pas forcer à payer une seconde fois le débiteur cédé qui, avant la signification, s'était déjà libéré entre les mains du cédant.

Et ici, comme dans le cas qui précède, on ne distinguait pas si le débiteur avait ou n'avait pas eu connaissance de la cession. Car, tant que la signification n'était pas faite, il n'y avait qu'une simple convention, ayant pour objet de transférer la propriété de la créance, mais n'emportant pas la translation elle-même.

Dans notre hypothèse, il ne restait donc plus au cessionnaire que la seule ressource de se retourner contre son auteur au moyen de l'action « *ex empto ut præstet ipsi habere licere,* » et, par suite, de courir les risques de son insolvabilité, en subissant, avec ses autres créanciers, une réduction proportionnelle.

3° Les créanciers du cédant pouvaient faire valablement, avant la signification de la cession, saisie-arrêt entre les mains du débiteur cédé. Cette conséquence du principe que nous avons posé a fait naître dans le droit actuel des difficultés nombreuses, sur lesquelles nous aurons à insister dans nos explications ultérieures et qui, nous le verrons, n'existaient pas dans notre ancien droit.

4° Un second cessionnaire pouvait opposer au premier l'antériorité de sa signification pour profiter, à son encontre, des avantages de la cession (Pothier, chap. IV, a 1, n° 558, *Traité de la vente*).

Sur toutes ces propositions, d'ailleurs, nous ne faisons que donner des indications rapides, car, à côté des questions identiques soulevées dans le Code civil, il y aura place à des développements plus nombreux pour l'étude des solutions données par nos anciens auteurs aux difficultés correspondantes.

Arrivons à la législation actuelle : le Code n'a pas les allures géométriques du droit romain et ses rédacteurs n'ont point coutume d'écrire des principes pour les faire violer, dans le but unique de montrer qu'ils les savent et qu'ils les respectent platoniquement. Ils ne devaient donc pas se refuser à admettre le transport des créances.

Quelques esprits chagrins, restés à l'état de minorité infime, ont bien voulu lutter contre l'évi-

dence et soutenir que les créances, même aujour-
d'hui, étaient encore intransmissibles, la cession
reposant tout entière sur l'idée de mandat tacite
conféré par le cédant au cessionnaire.

Cette affirmation, dont le seul mérite est de
montrer l'imagination de ses auteurs, vient se
briser contre les raisons suivantes :

1° A quoi servirait, dans la matière actuelle,
cette idée de mandat? A faire, par des moyens indirects, ce qu'on aurait pu faire directement en
posant le principe de la transmission même du
droit. Nous ne croyons donc pas que les rédacteurs du Code, dont les scrupules théoriques sa-
vaient disparaître en temps opportun, aient pris,
pour arriver plus vite, le chemin le plus long.

2° Le principe de l'incessibilité des créances,
que les Romains ont eu la bizarre prétention de
sauver du naufrage tout en ne l'observant pas,
existe-t-il réellement, ou bien n'est-il que le produit imaginaire des cerveaux qui l'ont conçu et
affirmé?

Nous pensons qu'il en est ainsi et qu'on s'est
donné beaucoup de mal pour mettre en désaccord,
sur ce point, la législation positive avec le droit
naturel. En effet, pourquoi un créancier ne pourrait-il pas détacher de sa personne le droit qui y
adhère et le mettre dans le patrimoine d'un tiers?
On nous répond que, lorsqu'un rapport de créance
existe entre deux personnes, entre Pierre et Paul,
par exemple, si Pierre, par une circonstance quel-

conque, vient à sortir du rapport, le rapport tout entier disparaît; la créance ne saurait donc lui survivre. Il est par suite indispensable, si on tient à céder une créance, que le cessionnaire n'intervienne pas en vertu d'une qualité à lui essentiellement personnelle, mais en se couvrant du droit de son auteur, en agissant comme mandataire du cédant.

Ce raisonnement nous paraîtrait absolument décisif si son point de départ, à savoir que l'existence de la créance doit être subordonnée au maintien du rapport originaire, pouvait être accepté. Mais il n'en est pas ainsi ; il n'y a, suivant nous, aucune bonne raison pour lier d'une façon aussi absolue le droit de créance à la relation qu'il engendre.

Comment, en effet, concilier le système que nous combattons avec les principes admis à Rome, comme dans notre droit, et même dans les législations les plus barbares, en matière de transmission des droits réels?

Un propriétaire, en effet (cela n'a jamais été contesté, au point de vue du droit naturel), peut transférer à un tiers son droit de propriété. Or, la relation qui existait entre le *tradens* et la chose est certainement brisée, par suite du transport; la relation qui s'établit entre l'*accipiens* et la chose est assurément nouvelle, et cependant le droit de propriété a-t-il été éteint?

Non, il a survécu à l'ancien rapport, sans être

modifié en quoi que ce soit par la formation du nouveau. En d'autres termes, nous pouvons affirmer qu'en ce qui concerne les droits réels, la règle est certaine : ils sont, au point de vue de la transmission, complétement indépendants des rapports qu'ils engendrent.

Pourquoi donc en serait-il autrement des droits personnels ? C'est d'ailleurs ce que nous dit en très-bons termes M. Gide, dans un article dont nous n'avons pas accepté toutes les idées, mais qui, sur ce point spécial, rend parfaitement notre pensée : « Le droit de propriété, dirai-je à mon tour, n'est aussi qu'un rapport entre une personne et une chose, et la personne du propriétaire ne peut changer sans que ce rapport soit rompu. Toute aliénation suppose évidemment la rupture d'un certain rapport juridique et la formation d'un rapport juridique nouveau. Quand un tel changement peut se produire sans que l'objet du droit change en lui-même, on dit que le droit est aliénable. Pour savoir si un droit est ou non aliénable, c'est donc à son objet, et à son objet seul qu'il faut s'attacher » (*Revue de législ. française et étrang.*, année 1874, p. 37).

On a cependant critiqué l'assimilation que nous sommes conduits à faire des droits personnels et des droits réels ; on a dit qu'elle n'avait aucun fondement ; car, s'il est sans importance qu'une chose soit à Primus d'abord et à Secundus ensuite, il y a pour le débiteur un grand intérêt peut-être à ne pas changer de créancier.

Cette objection ne porte pas : elle invoque en effet une raison d'intérêt individuel qui, dans l'espèce, n'est qu'un faux-fuyant. Nous traitons la question à un autre point de vue, et à notre avis, quand on se demande si, juridiquement parlant, la substitution d'un nouveau rapport à l'ancien entraîne comme conséquence l'extinction de l'objet du rapport originaire, c'est-à-dire du droit de créance, on ne peut invoquer des considérations d'utilité privée sans sortir des limites dans lesquelles le débat doit être circonscrit.

Même en nous plaçant sur le terrain où nos adversaires nous appellent, il ne nous semble pas exact de dire, qu'il soit indifférent qu'une chose appartienne à une personne plutôt qu'à une autre. En effet, sans faire intervenir ici l'intérêt public, qui a pour mesure la plus exacte, la richesse privée et qui par conséquent exige la bonne administration des biens, nous pouvons, sans crainte, avancer l'affirmation suivante : que les changements de propriéraire modifient les rapports de voisinage, sinon en droit, du moins en fait ; qu'à la tolérance de l'ancien peut succéder l'intolérance la plus absolue du nouveau propriétaire et réciproquement.

3° La loi, par la place même qu'elle a donnée à la matière des cessions de créances, montre

qu'elle a consacré le principe de la transmissibilité des droits personnels.

En effet, la vente comme conséquence entraîne
la translation de la propriété des choses qu'elle a
pour objet ; or la cession étant considérée par le
législateur comme un appendice à la matière de la
vente, il est naturel d'admettre qu'elle a pour
effet de transporter la propriété des droits de
créances.

Notre conclusion peut donc être considérée
comme absolument certaine ; dès lors il doit nous
être permis de dire avec M. Duvergier (*Traité de
la Vente*, chap. VII, n° 161), que « l'effet de la
cession est de faire passer le droit de créance en de
nouvelles mains. »

Le principe de la cession des créances établi, il
importe d'en bien fixer les limites et de ne point
le confondre avec d'autres principes, dont l'analogie pourrait engendrer la confusion.

Remarquons en effet qu'il peut y avoir substitution d'un créancier à un autre créancier, sans
que pour cela, il y ait nécessairement une cession
de créance. C'est ce qui a lieu notamment dans la
subrogation, la novation, la dation en paiement
d'une créance, dont nous allons nous attacher à
donner rapidement les principaux caractères. Nous
ferons de même pour l'indication des paiements,
bien que le changement de créancier ne soit ici
qu'une apparence.

1° *Subrogation.* — La nature de la subrogation a

donné lieu à bien des incertitudes et fourni le thème à des discussions nombreuses. Quoi qu'il en soit, et sans que nous ayons à insister sur ce point, nous pouvons dire qu'à l'égard du subrogeant, l'opération produit les effets d'un paiement; qu'à l'égard du subrogé, c'est *une sorte* de cession de créance, mais n'emportant pas la plénitude de ses effets.

Cette cession fictive est limitée dans ses conséquences par ce principe, qu'elle a lieu pour venir en aide au débiteur et que les avantages accordés au subrogé ont uniquement pour motif de l'encourager à désintéresser des créanciers exigeants. De ces deux aspects de la subrogation, il faut déduire les applications suivantes :

A. L'opération consistant pour le subrogeant, en un véritable payement, le subrogé ne pourra pas lui demander la garantie, au cas d'inexistence de la créance, mais aura seulement contre lui la *condictio indebiti*, à l'effet de répéter ce qui a été payé. Par conséquent il n'aura droit ni à la bonification des intérêts, ni à la restitution des frais et loyaux coûts de la quittance subrogatoire, en nous plaçant bien entendu dans l'hypothèse où le subrogeant est de bonne foi. Il en est autrement du transport-cession. (MM. Aubry et Rau, t. IV, p. 174. Troplong, *Tr. des hypoth.*, I., n° 353 *bis*).

B. Le subrogeant qui n'a pas été complétement désintéressé par le subrogé, peut à l'encontre de celui-ci, et pour tout ce qui lui reste dû, agir par droit de préférence sur les biens du débiteur. Pour lui en effet le subrogé n'est que le mandataire du débiteur et par conséquent sa présence ne doit lui porter aucun préjudice. Ici encore la règle, en matière de transport-cession, est différente, les rapports du cédant et du cessionnaire reposant sur un principe diamétralement opposé. (MM. Aubry et Rau, t. IV, p. 175; Colmet de Santerre, t. V, n°s 189 *bis* et 197 *bis* ; Arr. 24 juillet 1841), Amiens ; Sir. ann. 1845, 25, 43).

C. Le subrogé ne pourra demander au débiteur que le montant de la somme qu'il a payée. Supposons en effet, pour fixer les idées, que Pierre créancier de Paul pour 10,000 francs, ait dit à Jean : « Je consens à vous donner quittance de la dette de Paul, si vous me payez 8000 fr. » Jean acceptant les conditions de Pierre, et se faisant subroger dans les droits de celui-ci, ne pourra réclamer de Paul que les 8000 fr. qu'il a dépensés pour lui.

La subrogation en effet, n'est qu'une cession fictive, dont le but n'est pas de procurer au subrogé un avantage pécuniaire, mais bien de le protéger contre un appauvrissement, en lui donnant les moyens de rentrer plus facilement dans ses déboursés. Le principe du transport-cession étant au contraire fondé sur une idée de spéculation et de lucre, il est naturel qu'il en soit autrement (MM. Aubry et Rau, t. IV, p. 174; Colmet de Santerre, t. V, 189 *bis* ; Troplong, *Privil. et Hyp.*, 1, n°s 349 et suiv.).

D. La subrogation, ne se rapprochant du transport-cession, que par le secours d'une fiction, on ne doit pas, à l'égard des tiers, soumettre son effet à la condition d'une acceptation ou d'une notification faite par le subrogé à la personne du débiteur. Ainsi, contrairement à ce qui se produit en matière de cession, la question de savoir si les tiers ont eu ou non connaissance de la subrogation, repose sur une question de fait, livrée tout entière à l'appréciation du juge. (MM. Aubry et Rau, t. IV, p. 174).

2° *Dations en payement*. — Comprenons bien l'hypothèse : Pierre me doit 100 francs; au lieu de me payer en argent, il me donne, bien entendu parce que j'y consens, et pour obtenir sa libération, une créance de 100 francs qu'il a sur Paul.

Voilà une dation en paiement, qui a ce point commun, avec le transport-cession, qu'un nouveau créancier prend la place de l'ancien. Ses effets cependant ne sont point absolument identiques.

D'abord, l'art. 1602, C. c., qui veut que, dans le contrat de vente, on fasse contre le vendeur l'interprétation des clauses douteuses, et qui est également applicable à la cession des créances, ne l'est pas à la dation en paiement. Celui, en effet, qui transfère la propriété d'une créance, dans le but de se libérer d'une obligation, fait un paiement véritable, protégé contre les interprétations fâcheuses par l'art. 1162.

En second lieu, la dation en paiement d'une

créance, faite pour se libérer d'une obligation qui n'existe pas en réalité, permet de reprendre ses droits à celui qui s'en est dépouillé sans cause.

Au contraire, celui qui cède une créance, dans le but de compenser avec le prix de celle-ci une obligation, dont il se croit à tort débiteur envers le cessionnaire, n'a pas le moyen de revenir sur cette opération, lorsqu'il découvre son erreur. Tout son droit se borne dans ce cas à la faculté de réclamer au cessionnaire le prix de la cession. (Dalloz, *Vente*, chap. II, sect. I, n° 48; — Duvergier, t. II, n° 163; — Pothier, *loc. cit.*, n°s 602 et suiv.)

3° *Novation par changement de créancier.* — Il existe entre le transport-cession et la novation par changement de créancier, des différences profondes. La ressemblance entre ces deux opérations est tout entière dans de grossières apparences. En pratique cependant la question présentera souvent des difficultés, qui seront jugées d'après l'intention commune des parties, au moment du contrat, sur la nature duquel on n'est pas d'accord.

La différence réellement caractéristique entre la cession et la délégation, c'est que la cession implique la transmission du droit de la personne du cédant à la personne du cessionnaire, tandis que la délégation entraîne la double conséquence de l'extinction du droit du délégant et de la nais-

sance d'un droit nouveau au profit du délégataire.

On ne pourra donc pas nover une obligation
par changement de créancier sans l'intervention
du débiteur, car il est de principe que le consentement de ce dernier est une condition indispensable pour qu'il soit tenu d'une dette nouvelle.
La cession de créance au contraire se réalisera
par l'accord seul du cédant et du cessionnaire,
sans que le débiteur ait été consulté.

En second lieu, dans la novation, si le nouveau
créancier ne prend pas soin de rattacher à son
droit, par une stipulation spéciale, les priviléges
et hypothèques qui étaient la garantie de l'ancienne créance, il ne sera pas admis à en réclamer
le bénéfice, puisque l'étendue des obligations a
pour limites la convention même des parties.
Dans l'aliénation des créances, il en est autrement, car le cédant, en disposant de son droit au
profit du cessionnaire, dispose, par voie de conséquence, des garanties qui y sont attachées : Accessorium principale sequitur.

4° *Indication des payements.* — Cette opération
est susceptible de se confondre facilement avec la
cession de créances, malgré des différences assez
grandes avec elle.

La cession de créances emporte transmission
du droit; l'indication ne change absolument rien
aux rapports des parties; le créancier dans l'espèce

de non-seulement, à un tiers, le mandat d'exercer ses droits contre le débiteur. Par conséquent, si ce dernier est insolvable et que le mandataire ait consenti à le poursuivre dans le but seul de se faire payer par lui une dette contractée, à son égard, par le mandant, le défaut de paiement ne lui préjudiciera en rien. Mandataire du délégant, ses droits contre celui-ci ne souffrent aucune atteinte de l'insolvabilité du délégué.

De ces idées, il faut déduire cette conséquence que le débiteur opposera au mandataire toutes les causes d'extinction de son obligation qui se seraient produites dans ses rapports avec le mandant, même depuis la constitution du mandat. Par exemple, le débiteur Paul opposera à Jean, chargé, le 1er mars 1877, de le poursuivre au nom du créancier Pierre, une cause de compensation qui aurait pris naissance de son chef avec Pierre, le 20 mars seulement. En effet, la délégation est imparfaite ; Paul ne devient pas débiteur de Jean, mais reste obligé envers Pierre. La cession de créance supposant la transmission du droit du cédant au cessionnaire, emporte des solutions différentes.

Du reste, pour tous les cas où se pose la question de savoir quelle est la nature du contrat ayant pour objet de modifier des rapports préexistants entre le créancier et le débiteur, les tribunaux doivent s'attacher, non pas à la qualification donnée par les parties, mais au fond des choses, à leur commune intention.

C'est dans ce sens que la Cour de cassation a statué par un arrêt du 19 juin 1817 : elle a décidé, en effet, qu'un acheteur ayant donné mission à son vendeur de poursuivre, pour se payer, le remboursement d'une **créance**, avait fait, dans l'espèce, **non-seulement** une indication de paiement, mais une véritable dation en paiement (Dalloz, p. 443, nᵒ 1853, *Vente*. — V. Req., 2 juin 1830, 3 juillet 1834, 17 mars 1842, etc.).

Les cessions de créances sont susceptibles de divisions multiples :

1º Elles sont à titre gratuit quand tout à la fois le cessionnaire ne fait pas, pour avoir la créance, des sacrifices qui soient en valeur l'équivalent de celle-ci et quand le cédant se dépouille dans l'intérêt du cessionnaire.

Elles sont à titre onéreux lorsque le cessionnaire donne au cédant, un équivalent de la créance cédée. C'est dans ce dernier sens législateur a parlé des cessions de créances. Ainsi, sous le chap. VIII, t. VI, liv. III, il a traité exclusivement des cessions à titre onéreux. Quant aux cessions à titre gratuit, elles rentrent dans la théorie générale des donations.

2º Les cessions ont pour objet un droit litigieux ou non litigieux. Les créances litigieuses sont celles dont l'existence est au fond contestée en justice.

Les créances non litigieuses sont celles qui ne sont point portées en justice ou qui, étant l'objet d'une contestation judiciaire, ne font point difficulté quant à la certitude même de leur existence.

3º Les cessions ont lieu purement et simplement ou sous une modalité quelconque.

4º Les cessions sont à titre particulier ou à titre universel. Elles sont à titre particulier quand elles ont pour objet une ou plusieurs créances déterminées.

Elles sont à titre universel quand elles comprennent une universalité de créances. Un héritier, en effet, peut très-bien vendre l'ensemble des créances qui se trouvent dans la succession de son auteur.

Nous nous bornerons, dans ce travail, à l'examen des cessions de créances à titre particulier, que nous diviserons de la façon suivante :

Chapitre Ier : Règles communes aux cessions de créances litigieuses et non litigieuses.

Chapitre II : Règles spéciales aux cessions de créances litigieuses.

Chapitre III : Conséquences de la violation de ces règles.

Chapitre IV : Du principe que le cessionnaire qui s'est conformé aux règles de fond et aux règles de forme est, par rapport à la créance, dans une position identique à celle du cédant antérieurement au transport.

CHAPITRE PREMIER

RÈGLES COMMUNES AUX CESSIONS DE CRÉANCES LITIGIEUSES ET NON LITIGIEUSES

Nous avons suffisamment défini pour le moment, ce qu'on entendait par les créances litigieuses ; insister davantage à cet égard serait inopportun, car il nous faudra examiner plus à fond, dans le chapitre suivant, la portée de la définition et le caractère des droits litigieux.

Nous diviserons notre matière en deux sections : 1° Règles de fond ; 2° Règles de forme.

SECTION PREMIÈRE

RÈGLES DE FOND, COMMUNES AUX CESSIONS DE CRÉANCES LITIGIEUSES ET NON LITIGIEUSES

Elles ont trait aux conditions qui tiennent, soit à la nature intime de la créance, soit aux personnes qui sont parties dans la cession.

§ 1

Règles relatives à l'objet de la cession, c'est-à-dire à la créance.

1° *La créance doit exister.* — Cette condition est déduite de ce principe de droit, que les contrats exigent pour leur formation un objet certain, constituant la matière de l'engagement (a. 1108).

Il n'arrivera pas dans la pratique des affaires qu'une personne cède à une autre personne une créance que toutes deux savent ne pas exister, car alors il serait impossible de comprendre le but poursuivi par les parties. Mais, si la cession a pour objet une créance n'ayant qu'une existence apparente, on comprend alors l'utilité de notre règle. Supposons, par exemple, que, dans la succession de son frère, Pierre trouve un titre de créance contre Paul, et qu'après en avoir fait cession à Jean, le débiteur produise une quittance du *de cujus;* la cession a eu alors pour objet une créance qui n'existait plus et dont Jean ne pourra pas tirer le profit qu'il en attendait. Il n'aura par conséquent qu'une action en garantie contre le cédant, action sur laquelle nous aurons à donner de plus grands détails dans le chapitre III.

Si la cession a pour objet un droit ayant son fondement dans une obligation naturelle, dépourvue de toute sanction civile, elle doit être considérée, dans le cas bien entendu où l'obligé naturellement refuse de remplir ses engagements, comme n'existant pas, faute d'objet.

2° *La créance doit être cessible,* c'est-à-dire susceptible de passer d'un patrimoine dans un autre. On a essayé de donner une formule générale pour fixer les caractères de la cessibilité des créances; mais on n'est arrivé qu'à des incertitudes. Cepen-

dant un point admis par tout le monde, c'est que
la cessibilité est la règle, l'incessibilité l'exception.

Il faut donc, pour qu'une créance soit incessible,
qu'elle ait été déclarée telle par la loi, soit directement, soit d'une façon implicite. En effet, dans
l'art. 1598, en matière de vente, c'est bien l'idée
qui a été consacrée par le législateur, et dont nous
devons faire l'application aux cessions de créances, puisque ces dernières ne sont que des ventes
caractérisées. (Troplong, *loc. cit.*, n° 879; Duranton, t. XVI, n° 494; — Aubry et Rau, t. IV, § 359,
p. 419.)

Du principe qu'il faut pour l'incessibilité, une
volonté, au moins implicitement exprimée de la
loi, tirons plusieurs conséquences :

A. Une promesse, même unilatérale de vendre,
constitue un engagement dont l'avantage peut
être cédé. Cette solution, tout à fait conforme au
principe posé, a été, avec raison, adoptée par la
jurisprudence (Arr. cour d'appel de Dijon, 31 juillet 1839; Dalloz, *Vente*, p. 399; — Cour de cassat.,
30 janvier 1866, Sirey, 1, 152, 66). Il y a là en effet une véritable obligation, puisque, d'un moment à l'autre, celui qui a fait la promesse, peut
être poursuivi, à l'effet de la mettre à exécution.

B. On peut céder l'action en révocation d'une
donation pour cause d'inexécution des conditions.

Le fait pour le donataire de ne pas remplir les
charges de la donation, le soumet à la résolution
de son droit, et cette faculté de résolution consti-

tue, au profit du donateur un droit, dont il peut abandonner les avantages à un tiers, la loi n'en prohibant pas la cession. (Toulouse, 9 février 1832 ; Dalloz, *loc. cit.*, n° 1692).

Nous n'admettons pas la même solution, en ce qui touche la révocation des donations pour cause d'ingratitude, car le droit de la demander est une faculté exclusivement personnelle.

L'art. 957 limite en effet, de la façon la plus absolue, le nombre des personnes qui sont admises à exercer l'action révocatoire pour cause d'ingratitude. Comment comprendre d'ailleurs que des personnes étrangères à la famille du donateur et par conséquent indifférentes le plus souvent aux intérêts de sa dignité outragée, puissent, en vertu d'une cession, et dans un but exclusif de spéculation, faire prononcer l'indignité contre le donataire.

Tout cela, bien entendu, ne saurait empêcher le donateur de se constituer un tiers, mandataire à l'effet de poursuivre, en son nom, la révocation de la donation. Mais il ne perdra pas, par la seule constitution du mandat, comme par la cession de l'action qu'il aurait consentie, la faculté du pardon ; jusqu'au dernier moment, il pourra empêcher la révocation de la donation par le fait seul de la révocation du mandat.

Notre pensée se résume donc dans la formule suivante : le donateur peut charger un tiers de poursuivre la révocation de la donation, pour cause d'ingratitude, même avec la pensée de lui en laisser le profit. Mais ce tiers n'aura aucun droit contre le donataire, si avant la révocation prononcée, le donateur vient à pardonner.

Quant à la révocation pour cause de survenance d'enfant, la question ne se présente pas toujours dans les mêmes termes. La résolution de la donation ayant lieu de plein droit, la propriété des biens donnés, revient par le fait seul de la survenance d'un enfant, à la personne du donateur. Par conséquent, entre le donateur et le donataire, dans ce dernier cas, il n'y a pas les mêmes rapports que nous avons étudiés plus haut.

Toutefois, si la donation a eu pour objet, non pas des immeubles et des meubles, mais des choses fongibles, ou si les biens donnés, quoique non fongibles, ont péri par la faute du donataire, la question se présentera ainsi : Le donateur peut-il céder la créance résultant de la révocation pour cause de survenance d'enfant ? Nous ne voyons pas pourquoi cette solution ne serait pas admise, la situation étant absolument identique à celle des cessions ordinaires.

En effet, que fera le cessionnaire ? Il demandera seulement au donataire la somme d'argent dont ce dernier a été constitué débiteur envers le cédant par le fait de la révocation de la donation qui, de plein droit et indépendamment de toute décision judiciaire, est résultée de la survenance d'un enfant au donateur.

C. On peut céder une créance future aussi bien qu'on peut vendre une chose future. Mais alors il est possible qu'en fait la question se pose de savoir si les parties ont entendu faire un contrat aléatoire ou non ; les tribunaux auront, au point de vue de l'appréciation de cette difficulté, un pouvoir complétement discrétionnaire (M. Tropl., *loc. cit.*, n° 879).

Quand la cession a pour objet une créance devant résulter ultérieurement d'une convention non encore intervenue, le cessionnaire n'est saisi, à l'égard des tiers, que du jour de la convention génératrice de l'obligation transportée. Exemple : Pierre a cédé à Jean, le 1er mars 1877, une créance qui a pris naissance le 20 mars seulement ; le droit résultant du transport ne doit pas être antérieur à cette dernière date, car si, dans l'espèce, on le faisait remonter au 1er mars, on arriverait à la conséquence peu logique de donner à Jean la propriété d'une chose qui n'existait pas.

Une application pratique du principe de l'aliénabilité des créances futures est de pouvoir céder les loyers d'un immeuble, encore qu'ils ne soient pas échus. Si la cession est importante, si elle comprend trois années de loyers à venir, elle est soumise, comme nous le verrons plus loin, depuis la loi du 23 mars 1855, à certaines conditions de publicité. Si elle a pour objet moins de trois années de loyers à échoir, il suffit, pour la rendre parfaite, d'accomplir les formalités exigées pour les transports ordinaires.

Plaçons ici une question délicate : la cession anticipée, pour moins de trois ans, des loyers d'un immeuble, est-elle opposable aux créanciers hypothécaires? Supposons donc, pour préciser, que le propriétaire d'un fonds grevé d'hypothèque, après l'avoir donné à bail, ait transporté, pour deux ans, à un tiers, ses droits contre le locataire. Quel sera, à l'égard des créanciers hypothécaires, l'effet de ce transport? Il importe de distinguer entre les créanciers inscrits postérieurement et antérieurement à la signification de la cession.

A l'égard des créanciers postérieurement inscrits, le cession produit des effets absolus; le conflit se résout contre les créanciers, en faveur du cessionnaire. Quant aux créanciers dont l'inscription est antérieure à la signification du transport, la difficulté est plus grande.

La plupart des interprètes ont pensé que le cessionnaire devait être préféré aux créanciers, quelle que fût la date de leur inscription. En effet, a-t-on dit, par la loi du 23 mars 1855, le législateur a montré, d'une façon incontestable, en ne subordonnant pas la cession des fruits futurs, pour moins de trois ans, à la formalité de la transcription, qu'il la considérait comme un acte de simple administration. Or, le propriétaire d'un fonds hypothéqué conserve avec la jouissance de son immeuble, la faculté de l'administrer; sans doute, si la cession des loyers est postérieure à la transcription de la saisie, elle ne sera pas opposable aux créanciers saisissants, parce que le saisi perd le droit d'administrer. Mais tant que ce droit lui reste, la cession de loyers futurs est possible et produit des effets absolus, *erga omnes*, sans qu'il y ait à distinguer, à cet égard, entre les créanciers hypothécaires inscrits postérieurement et antérieurement à sa signification. (MM. Grenier, t. II, 444; — Proudhon, *tr. de l'Usuf.*, t. I, 87; — Colmar, 6 août 1851 ; — Sir. 54, 2, 429: — Rouen, 18 février 1854; — Sir., 56, 2, 38).

Nous ne pouvons pas accepter cette doctrine, car elle nous semble se concilier fort mal avec les principes admis en matière de droits hypothécaires. Pour nous, la question de savoir qui doit l'emporter du cessionnaire ou des créanciers antérieurement inscrits, dépend exclusivement de l'époque à laquelle on se place.

Si le cessionnaire, en effet, agit contre le locataire, avant la transcription de la saisie de l'immeuble, ce dernier lui paiera valablement les fermages; à ce moment en effet les fruits ne sont pas encore immobilisés, le propriétaire en peut valablement disposer et par suite les créanciers, ayant hypothèque, seraient mal venus à se plaindre.

Mais si nous nous plaçons au contraire dans l'hypothèse où le conflit vient à éclater, après la transcription de la saisie, sur les loyers non perçus, entre le cessionnaire et les créanciers, la solution doit être différente. Il faut dire, dans l'espèce, en se fondant sur les règles de notre droit hypo-thécaire, que les créanciers seront préférables au cessionnaire.

Un point certain est que la transcription de la saisie d'un immeuble hypothéqué, immobilise, au profit des créanciers saisissants, les fruits na-turels ou civils non perçus; or, peut-on dire que le droit réel des créanciers inscrits antérieurement à la signification du transport, ne porte pas sur les fruits à venir parce qu'ils sont légalement sortis du patrimoine du propriétaire par l'effet de la ces-sion? Nous ne le croyons pas; du jour de l'inscrip-tion, le créancier hypothécaire a sur les produits à venir de l'immeuble, un droit réel subordonné à cette condition que ces produits seront encore existants, au moment de la transcription de la saisie. Or la condition rétroagit au jour de l'ins-cription, laquelle, nous le supposons, est anté-rieure à la signification de la cession. Dès lors on comprend que le créancier hypothécaire soit préféré à la personne du cessionnaire. Nous re-poussons enfin le système contraire, car il a pour résultat de diminuer, dans une mesure appré-ciable, les garanties hypothécaires, et de porter par conséquent atteinte à des droits que l'esprit de l'art. 2091 nousimpose l'obligation de respecter. (Dans ce sens Tarrible, v° *tiers-détenteur*, n° 4; — Duranton, t. XVII, 163; — Aubry et Rau, t. III, note 21, § 286, p. 432; — Bourges, 3 février 1851,

Sir., 52, 2-425; — Rouen, 1ᵉʳ février 1854, Sir., 56, 2-398; — Cassat., 23 mars 1859, Sir., 60-1, 72; — Metz, 30 avril 1863, Sir., 64, 2-191.)

D. Sont susceptibles de transport-cession les créances à terme ou conditionnelles. Cette proposition peut être considérée comme le corollaire de celle qui précède. S'il est permis, en effet, de céder une créance qui n'existe pas encore, *à fortiori* doit-on admettre la cession d'une créance dont l'existence actuelle n'est pas en jeu, mais dont les effets seulement sont retardés par un terme ou subordonnés à un événement futur et incertain.

Appliquant ces idées, nous dirons que le transport du prix d'un office avant la nomination du nouveau titulaire est parfaitement valable. C'est une cession de créance conditionnelle, dont l'effet dépendra de l'acceptation, par le gouvernement, **du successeur à l'office** (Cass., 24 juin 1864, Dev., 1864, 1-347, Paris, 26 juillet 1843, Sir., 43, 2, 523, C. cass., 15 janv. 1845, Sir. 45, 1, 84, Paris, 11 janvier 1851, Sir. 51, 2, 6).

Cette solution, toutefois, a été contestée, non pas que le principe sur lequel nous fondons la cession ait été mis en cause, mais on a prétendu que les règles générales n'étaient point applicables à une matière aussi exceptionnellement organisée que la vente d'un office. C'est dans ce sens que statuait notamment un jugement du Tribunal de la Seine, en date du 5 avril 1843 (Sir., 1843, 2, 403) : « Attendu... que l'ordonnance de nomination con-

stitue le véritable titre de transmission, dont le
traité n'est qu'un simple accessoire qui se confond
avec ladite ordonnance et n'a d'existence légale
que par elle et à sa date ; que, dès lors, et jusqu'à
ce qu'elle soit rendue, la somme stipulée comme
la condition de la démission ne saurait être considérée comme étant dans le commerce et l'objet
de convention valable. » (Dans ce sens, Paris,
25 décembre 1842, Sir., 1844, 2, 401, Bourges,
11 décembre 1844, Sir., 46, 2, 271.)

Nous avons dit que le système contraire nous
paraissait préférable. Car, comme le faisait remarquer avec beaucoup de raison un arrêt précité de
la Cour de Paris, si la propriété des offices est soumise à des règles particulières nécessitées par
l'ordre public, leur transmission n'en est pas
moins régie par les principes généraux pour tout
ce qui a rapport aux stipulations d'intérêt privé.

Une autre conséquence de notre principe est
celle-ci : un auteur peut céder les produits d'une
œuvre littéraire à exécuter en vertu d'une convention déjà faite avec un éditeur. Un arrêt de la Cour
de Paris du 27 novembre 1854 a admis cette doctrine dans une affaire où Alexandre Dumas était
engagé : « Considérant que cette convention n'est
pas contraire à la loi, rien ne s'opposant à ce que
les gains à provenir des contrats... soient la matière d'une cession. » (Sir., 1856, 2, 47. *Contra*,
30 janv. 1854, Sir., 54-2-734).

Pareillement, il faut décider qu'un émigré dont

les biens avaient été confisqués pendant la Révolution, pouvait, avant la promulgation de la loi du 27 avril 1825, céder la créance éventuelle qui, ultérieurement, lui compéterait de son chef (Paris, 18 juillet 1843, Sir., 43, 1, 908).

Enfin, et toujours dans le même ordre d'idées, nous dirons que l'entrepreneur peut céder la créance du prix résultant de travaux non encore exécutés, mais déterminés dans des devis et marchés.

Ici se présente une difficulté : en vertu de l'article 1798, les ouvriers ont, pour se faire payer, une action directe contre le débiteur du prix, et, par conséquent, il est possible qu'à un moment donné leur droit se trouve en conflit avec celui du cessionnaire. Qui l'emportera du cessionnaire ou des ouvriers ? D'abord un point qui ne doit faire doute pour personne, c'est que la cession est valable et que, par conséquent, elle est opposable à toutes les personnes autres que les ouvriers.

Or, que faudrait-il pour que ses effets fussent limités en faveur de ceux-ci ? Un texte spécial que l'art. 1798 ne suffit pas pour remplacer. Sans doute, il donne aux ouvriers le moyen de se faire payer directement par le débiteur de l'architecte sans qu'ils aient à recourir à l'art. 1166 et par conséquent sans qu'ils soient obligés de subir sur leurs droits une réduction déterminée par la présence d'autres créanciers. Mais l'avantage de l'action directe se restreint à ce cas, et on ne saurait, sans porter atteinte aux principes de la saine interprétation des lois, en étendre les effets jusqu'à faire triompher les ouvriers dans leur conflit avec le cessionnaire.

Du reste, le propriétaire de la maison construite par les ouvriers n'est pas, après la cession, débiteur de l'architecte, mais du cessionnaire ; par conséquent, l'action directe n'a plus sa raison d'être (Lyon, 21 janvier 1846, Sir., 46, 2, 262, Civ. cass., 11 juin 1861, Sir., 61, 1, 878, Douai, 13 août 1866. Sir., 67, 2, 292, Grenoble, 7 février 1868, Sir., 68, 2, 80. *Contra :* Montpellier, 24 déc. 1852, Sir., 53, 2, 687).

E. La femme a, pendant un certain temps, une créance de subsistance sur la succession de son mari. Or, bien qu'au premier abord cela puisse paraître d'une moralité douteuse, cette créance peut être cédée. Comment, en effet, refuser à la femme ce droit? La loi n'impose aucune restriction à cet égard, et, quel que soit du reste le motif du transport, il est impossible de suppléer, par le moyen d'une interdiction, au silence des textes.

Que si on prétend que le droit de la femme constitue à son profit une véritable créance alimentaire, nous répondrons que cette assimilation n'a pas sa raison d'être. La créance d'aliments a sa cause, en effet, dans le besoin du créancier et, par conséquent, elle cesse quand ce dernier peut se suffire à lui-même ; la femme, au contraire, ne perd pas son droit par le fait de cette circonstance qu'elle est suffisamment riche pour continuer avec ses propres ressources, l'existence qu'elle avait eue pendant le mariage (Cass., 31 mai 1826, Dalloz, *Vente*, p. 400).

Remarquons enfin que ces cessions ne sont pas, comme on le dit, immorales; la femme, par exemple, craignant de se trouver sans ressources, après l'expiration des délais pendant lesquels elle vit sur la succession de son mari, peut très bien, en retour d'une place qu'on lui offre, faire cession des droits dont nous nous occupons.

Nous aurions encore à étudier beaucoup d'autres hypothèses, dans lesquelles la jurisprudence a constamment, et avec raison, appliqué le principe que nous avons posé. Le cadre de notre sujet ne nous permettant pas d'insister davantage, nous passons de suite à l'examen des créances incessibles.

Les créances incessibles sont celles qui, à raison d'une volonté formellement ou implicitement exprimée par la loi, ne sont pas susceptibles de passer d'un patrimoine dans un autre.

1° *Prohibitions expresses.*

Elles sont fort nombreuses : citons à titre d'exemples : l'incessibilité du droit éventuel à une succession future (art. 791); des parts éventuelles dans le produit des prises maritimes (art. 46, l. 1, 8 octobre 1793. Art. 42, Arr. 9 ventôse an IX); des pensions militaires et civiles ; des pensions de la

Légion d'honneur (Art. 1 et 13, Décl. 7 janvier 1779. Art. 4, 1. des 18-22 août 1791) ; des rentes viagères de la caisse des retraites pour les vieillards, etc... Cependant les pensions qui sont saisissables, soit exclusivement pour certaines causes, soit absolument, mais dans certaines limites, sont susceptibles d'être cédées, dans les mêmes proportions. (MM. Aubry et Rau, t. IV, p. 422.)

2° Prohibitions implicites.

Nous avons dit plus haut qu'on avait cherché un *criterium* au moyen duquel on reconnaîtrait l'incessibilité des créances. Certains auteurs ayant cru trouver la solution de la question, dans le rapprochement des deux idées de l'incessibilité et de l'intransmissibilité par décès, ont donné cette formule générale : sont incessibles les droits qui ne peuvent être transmis par décès.

Il arrivera souvent que les droits non transmissibles aux héritiers, ne seront pas cessibles entre vifs. Mais cette règle n'a rien d'absolu, et pour en dénier l'effet, il suffit de montrer qu'elle ne répond pas toujours à la pensée du législateur. Or, certains droits, comme l'usufruit, sont cessibles entre vifs et ne sont pas transmissibles aux héritiers. A l'inverse, certains droits, comme le retrait successoral, passent aux héritiers, sans qu'ils puissent faire l'objet d'un transport.

Remarquons d'ailleurs que la formule qu'on

nous donne, recule la difficulté, au lieu de la trancher; car, à la question posée, on fait une réponse,
nécessitant d'autres recherches à savoir si la
créance est transmissible par succession.

D'autre part, faut-il dire que les créances insaisissables, sont incessibles? L'idée de saisie a certainement des points communs avec l'idée de cessibilité. Supposons en effet que Pierre, débiteur
envers Paul d'une somme de 100 francs, cède à ce
dernier, pour obtenir sa libération, un droit
de créance qu'il a contre Jean. Or, si Pierre peut
ainsi détacher de sa personne le droit qu'il a
contre Jean, pourquoi ne pourrait-on pas le lui
saisir? Pourquoi les créanciers ne pourraient-ils
pas faire ce que le débiteur peut faire à lui tout
seul?

Pour protéger le débiteur, il ne suffit pas de le
défendre contre ses créanciers, il faut encore le
mettre en garde contre lui-même. Toutefois, la
question doit se résoudre par une distinction : si
la mesure d'insaisissabilité a été organisée, non
pas dans un but de protection à l'endroit du débiteur, mais a été déduite de la faveur que la loi
attache à certaines créances, il faut dire que la
cession est parfaitement possible.

C'est ainsi que les rentes sur l'État sont cessibles, quoique insaisissables ; car, dans l'espèce,
on a voulu encourager ces acquisitions en y attachant certaines prérogatives, et non leur mettre
obstacle par des mesures restrictives.

Quand, au contraire, l'insaisissabilité a pour but de protéger le débiteur, comme la protection serait incomplète, si elle ne le défendait pas contre ses propres faiblesses, on doit décider qu'elle conduit à l'incessibilité (MM. Aubry et Rau, t. IV, p. 1, 23, note 18). Mais il n'est point vrai que le fait seul d'insaisissabilité entraîne l'incessibilité. Au surplus, nous répétons pour ce système, ce que nous avons dit plus haut : on ne tranche pas, on élude, en la reculant, la difficulté.

En résumé, nous repoussons, pour arriver à la détermination des créances incessibles, toute théorie générale et inflexible, ayant la prétention d'apporter un *criterium* certain. Dans notre opinion, c'est par le moyen d'un système d'analyse qu'on saura si une créance est cessible ou non ; c'est en s'attachant à la nature et aux caractères spéciaux de chaque créance, à l'analogie qui peut exister entre chacune d'elles et des droits expressément déclarés incessibles, qu'on arrivera à la solution de la question. (Comp. Troplong, *Vente*, I, n° 224; — Merlin, *Quest. de droit hypoth.*, p. 415, col. 1 et 2. *Infra*, n° 702; — Aubry et Rau, t. IV, p. 422.)

C'est ainsi que nous nous demanderons si les créances alimentaires sont susceptibles d'être cédées? Un grand nombre d'interprètes font, de concert avec la jurisprudence, une distinction à cet égard.

Quand la créance d'aliments a sa cause dans la

parenté ou l'alliance, on dit qu'elle est incessible, parce qu'elle est inhérente à une qualité intransmissible et par suite inaliénable. (Demolombe, *Traité du Mariage*, t. II, p. 97.) Quand, au contraire, elle résulte d'un acte de libéralité, on dit qu'elle est susceptible de cession.

Au premier abord, cette manière de raisonner paraît étrange. Car, si on recherche les intentions du législateur, il est difficile d'admettre que, voulant d'un côté défendre la cession des créances alimentaires, d'un autre côté les autoriser, il ait gardé sur le point d'une distinction aussi importante un silence absolu. D'autant plus que les créances alimentaires, soit qu'elles dérivent des rapports de parenté, soit qu'elles aient pour cause des rapports créés par une donation, sont régies par des règles identiques.

Dans tous les cas, en effet, elles sont insaisissables. Sans doute, comme nous l'avons dit, l'insaisissabilité ne détermine pas nécessairement l'incessibilité, mais elle y conduit, quand elle a été organisée dans le but de protéger le débiteur. En outre, le rapprochement des art. 1003 et 1004 du C. pr. civ., nous autorise à repousser la distinction qu'on veut faire, et à admettre l'incessibilité pour toutes les créances alimentaires. En effet, ces textes défendent de compromettre sur les créances d'aliments, c'est-à-dire que ces créances sont, dans un but de protection à l'endroit du débiteur, frappées d'indisponibilité.

On ne saurait expliquer autrement de telles prohibitions; dès lors, ne semble-t-il pas que l'esprit de la loi soit certain, et qu'il y ait, pour toutes les créances alimentaires, une prohibition implicite de cessibilité? (MM. Aubry et Rau, t. IV, p. 423; *Contra* Civ. rej., 31 mai 1826, Sir., 26, 1,447; — Req. rej., 22 février 1831; Sir., 31, 1,107; — Req. rej., 1er avril 1844; — Sir., 44, 1.468.)

Jusqu'ici nous avons parlé de la cession des créances alimentaires; demandons-nous maintenant si on peut céder les arrérages résultant de la créance d'aliments? Si la cession est faite à titre gratuit, nous sommes portés à croire que le débiteur d'aliments pourra se refuser à servir la pension, car celle-ci a pour but exclusif de subvenir aux besoins du créancier.

Il obtiendra donc la décharge de son obligation en prouvant que le créancier ne profite pas des revenus qui lui sont alloués. Mais remarquons que la cession considérée en elle-même, est parfaitement valable; si elle ne produit pas d'effets, c'est qu'elle implique, de la part du cédant, un abus de jouissance pouvant entraîner la perte de la créance elle-même.

Si la cession d'arrérages a lieu à titre onéreux, nous ne voyons pas sur quels arguments on se fonderait pour en contester la valeur. En effet, il n'y a pas de raison, par exemple, pour repousser par une fin de non-recevoir le fournisseur, qui, se prévalant d'une cession d'arrérages à lui consentie par le créancier d'aliments, agirait à l'effet d'obtenir le paiement de ses fournitures. (Demolombe, tr. *Mariage*, t. II, p. 98.)

Mais que décider, si la cession a pour objet des arrérages à venir? Nous ferons ici la même distinction : la cession à titre gratuit exposera le cédant à la perte de sa créance et le cessionnaire à ne pas toucher les arrérages. Quant aux cessions à titre onéreux, elles ne seront opposables au débiteur d'aliments, que dans certaines limites : le pensionnaire en effet, qui a cédé les arrérages à échoir vient-il à dissiper le prix de la cession, le débiteur pourra se refuser à payer au cessionnaire les arrérages à lui transportés et les servira valablement au créancier dans le besoin (Troplong, *Vente*, t. I, p. 306, nᵒ 227).

En fait, personne ne voudra se risquer, dans une opération aussi périlleuse pour ses intérêts, qui conduit tout à la fois à la perte et du prix de cession et des avantages qu'on en attendait. Ajoutons pour terminer cette matière que les créances d'aliments, résultant des conventions et des dispositions testamentaires, ne diffèrent en rien, au point de vue de la cessibilité, des créances ordinaires (Cassat., 31 mai 1826; Dalloz, 26, 1, 292). Enfin nous remarquerons, qu'en dehors des exceptions expresses ou tacites faites par la loi au principe de la cessibilité des créances, on ne peut en créer de nouvelles. Tout propriétaire en effet a le droit de disposer de sa chose ; et ce droit de disposition, fondé sur l'ordre public, ne saurait être limité par une convention, déclarant une créance incessible (Cass., 6 juin 1853, Sir., 53, 1, 619).

§ II

Règles relatives aux parties.

Le cédant doit être : 1° Propriétaire de la créance transportée ; 2° Capable de l'aliéner. De son côté le cessionnaire doit être capable de l'acquérir ; 3° Les parties doivent s'entendre sur les conditions du transport.

1° *Le cédant doit être propriétaire de la créance.* — Si le droit à la créance est contesté en justice, la cession change de caractère ; elle devient aléatoire, c'est-à-dire que le cessionnaire prend sur lui les risques du procès.

Il est possible qu'une créance qui n'appartient pas à une personne soit de sa part l'objet d'un transport ; alors on tombe sous l'application de l'art. 1599, qui traite la question de la vente de la chose d'autrui. Supposons qu'après l'ouverture de la succession le Pierre, son héritier Paul cède une créance héréditaire à Jean ; si postérieurement à la cession, on découvre un testament instituant Jacques légataire universel, il est bien évident que Paul aura cédé une créance appartenant à autrui, et que, par conséquent, le cessionnaire Jean ne pourra, d'après les principes généraux, se prévaloir de sa qualité, à l'effet de repousser les prétentions de Jacques.

L'hypothèse que nous avons choisie ne serait pas exacte, dans le système qui assure aux tiers, ayant traité avec l'héritier apparent, les acquisitions que ce dernier leur a consenties. Mais, sans discuter ici cette opinion, nous nous bornons à dire que d'accord sur ce point, avec la doctrine, nous la repoussons.

Le principe paraît souffrir exception dans quelques cas, notamment quand le tuteur aliène une créance du mineur. Ce n'est qu'une apparence ; car le mineur s'incarnant dans la personne de son tuteur, est responsable des actes de ce dernier, qu'il est réputé avoir faits lui-même. Toutes ces idées d'ailleurs ne sont que l'application, en matière de cession, des principes ordinaires sur la transmission des biens, et par conséquent elles ne doivent être que rapidement mentionnées.

2º *Le cédant doit être capable d'aliéner la créance.* — En principe toute personne est capable. La capacité est la règle, l'incapacité l'exception.

Il faut appliquer ici les incapacités générales, et par conséquent s'inspirer des principes ordinaires, établis par l'art. 1124, toutes les fois qu'il s'agit de mineurs, d'interdits et de femmes mariées.

De même, on appliquera les incapacités spéciales, qui dérivent des art. 1595 et 1596, en matière de vente. Examinons seulement ici, quel sera le sort d'une cession de créances consentie par un négociant en état de faillite. Dans ce cas, il importe de se référer aux art. 446 et 447 du Code de commerce. On aura donc à rechercher, à quel moment la cession a eu lieu. Si la cession a été faite postérieurement au jugement déclaratif de faillite, elle est frappée de nullité, à l'égard des créanciers du failli. Le cessionnaire n'a pas le droit d'invoquer les avantages de la cession. Que si la cession a eu lieu antérieurement au jugement déclaratif, mais après la cessation des payements, ou dans les dix jours qui l'ont précédée, elle n'est point nulle de plein droit, mais peut être déclarée telle par les tribunaux, qui, à ce point de vue, ont un pouvoir discrétionnaire (art. 447). Enfin si la cession s'est produite à une époque antérieure à celle des dix jours qui ont précédé la cessation des payements, elle est absolument valable. Les créanciers du failli n'en feront tomber les effets, qu'en prouvant son caractère frauduleux (art. 1167, C. c.).

Qu'arrive-t-il, quand le cédant, n'étant pas dans le commerce, se trouve, non pas en état de faillite, mais en état de déconfiture ? La Cour de Bruxelles, dans un arrêt du 23 mars 1811 (Sir., 1811, 2, 456) a cru devoir appliquer, dans l'espèce, les règles de la faillite. Mais cette doctrine ne saurait être admise, car dans la déconfiture, le débiteur n'est pas, comme dans la faillite, dépouillé de l'administration de ses biens ; il reste à la tête de ses affaires, et par conséquent continue valablement à faire les actes que cette situation, à la différence du failli, légitime et consacre. Sans doute, les créanciers ont l'action paulienne pour se protéger contre la fraude, mais ils auraient tort de prétendre qu'on dût appliquer au débiteur non-commerçant, les dispositions restrictives édictées en matière de faillite.

C'est ce que nous dit un arrêt de la Cour de Bordeaux, en date du 17 août 1848 (Sir., 1849, 2,47) : « Attendu que nul ne peut être dessaisi qu'en vertu d'une disposition formelle de la loi et que l'art. 443 C. com., uniquement relatif au commerçant failli, ne saurait s'étendre à l'individu non-commerçant qui est tombé en déconfiture... »

Enfin remarquons en terminant que l'incapacité de céder une créance est plus ou moins étendue, selon que la cession se fait à titre gratuit ou à titre onéreux. Certaines personnes en effet qui sont capables d'aliéner, quand l'aliénation est à titre onéreux ne peuvent, dans un but de libéralité, se dépouiller de leurs biens.

De son côté le cessionnaire doit être capable d'acquérir. — Les incapacités de l'acquéreur sont encore déduites des principes généraux ; il n'y a rien, sur ce point, qui soit spécial à la matière des cessions de créances. Le caractère de la cession, s'il est à titre gratuit ou à titre onéreux, joue ici comme précédemment un rôle important. Exemple : les condamnés à une peine perpétuelle, afflictive et infamante, sont frappés de la double incapacité de transmettre et de recevoir par donation ; de même certaines personnes, à raison de l'influence qu'elles exercent sur l'esprit du donateur, les médecins par exemple, dans des circonstances données, ne sont pas admises à recevoir des libéralités, etc... Du reste, nous nous contentons de donner des exemples, sans entrer dans l'examen de ces incapacités, qui n'étant pas exclusivement relatives aux cessions de créances, ne rentrent qu'assez indirectement dans notre sujet.

3º *Les parties doivent s'entendre sur les conditions du transport.* — Dans les cessions à titre onéreux, l'accord des parties doit porter sur la créance à céder et sur le prix à payer ; c'est d'ailleurs une application de l'art. 1583.

Dans les cessions à titre gratuit, on comprend que la condition du prix sur lequel on doit tomber d'accord dans les contrats à titre onéreux, ne soit pas exigée dans l'espèce, mais il faut, pour la transmission du droit, que le consentement des parties ait été exprimé, comme pour les donations dans des formes solennelles.

En matière de transport à titre onéreux, le prix est fixé par la convention, et cette circonstance qu'il est supérieur au montant de la créance, ne donne pas lieu à la rescision pour cause de lésion. En effet, les frais, les embarras et les incertitudes du recouvrement peuvent, d'une part, diminuer dans une très-large mesure la valeur de la créance

et, d'autre part, la lésion n'est une cause de rescision qu'en faveur du vendeur d'immeubles
(Req., 17 mai 1832, Dalloz, *vente*, p. 404). Toutefois, les juges auront à apprécier si l'infériorité du
prix a été déterminée par le dol et la fraude (Req.,
10 nov. 1836, Dalloz, *loc. cit.*, p. 404).

SECTION II

REGLES DE FORME

L'emploi des formalités requises par les art. 931
et suiv., en matière de donations, à la cession des
créances à titre gratuit, ne dispense pas des mesures de publicité exigées dans l'intérêt des tiers,
pour les cessions à titre onéreux. — Quant à ces
dernières, elles sont parfaites, *inter partes,* par le
seul consentement du cédant et du cessionnaire :
à l'égard de ceux-ci et sans autres conditions, la
créance change de propriétaire. Ce consentement
peut être même verbalement exprimé, sous la ré-
serve bien entendu de l'application des règles sur
la preuve des conventions.

L'art. 1689 semble être en désaccord sur ce point
avec notre théorie : « Dans le transport d'une
créance, d'un droit ou d'une action sur un tiers,
la délivrance s'opère entre le cédant et le cessionnaire par la remise du titre. » Il paraîtrait au premier abord, et la chose a été soutenue, que le consentement ne serait point suffisant pour opérer la

transmission des créances, mais qu'il faudrait en outre le fait de la tradition, s'exprimant par la remise du titre au cessionnaire.

Cette solution, si elle avait été consacrée par la loi, serait assurément critiquable, au point de vue de la logique. Car on ne comprendrait pas pourquoi, la cession étant, aux yeux de la loi, une vente caractérisée, serait gouvernée par des principes autres que ceux des ventes ordinaires. Mais le texte lui-même nous montre par le mot « délivrance » que le législateur n'a pas voulu, dans l'art. 1689, régler la question de la transmission de la créance, mais seulement exprimer le procédé de la tradition.

Dans l'art. 1136, pour les objets corporels, il nous dit en effet que la tradition s'opère par la remise matérielle de la chose; dans l'art. 1689 qui lui correspond, il nous dit que la tradition se réalise par la remise du titre de créance. Quant à la transmission du droit, la règle ne différant pas du principe posé par les art. 1138 et 1582, il n'était pas nécessaire de l'exprimer à nouveau (Cass., 20 fructidor an 10; Dalloz, *loc. cit.*, p. 105, Req. 3 février 1829, Dalloz, *loc. cit.*. p. 407, 29 août 1849, Sir., 50-1-195).

La cession de créances qui s'opère par le seul consentement des parties, dans les rapports du cédant et du cessionnaire, n'a d'effet à l'égard des tiers que par l'acceptation authentique du débiteur cédé, ou par la signification du transport à lui faite par le cédant ou le cessionnaire.

C'est l'art. 1690 qui, exigeant cette condition, reproduit la disposition de l'art. 108 de la coutume de Paris que nous avons citée plus haut ; seulement l'expression du mot « saisi » n'a plus, dans l'espèce, le sens qu'on lui attribuait autrefois.

Dire en effet, dans notre ancien droit, que le cessionnaire était saisi par la signification, c'était attacher à la signification l'effet de la tradition, puisque la saisine n'était autre chose qu'une mise en possession ; or nous savons que la tradition était jadis le seul mode de transférer les biens. Aujourd'hui, au contraire, les principes ne sont plus les mêmes ; par le seul consentement des parties le contrat de cession est parfait ; toutefois ses effets sont restreints, dans l'intérêt des tiers. Il faut donc traduire le mot « saisi » comme synonyme d'investi du droit, et dire que, sans la signification, le droit du cessionnaire n'est pas opposable aux tiers ; à leur égard, le cessionnaire n'est pas investi de la créance, il n'est pas créancier (M. Colmet de Santerre, Cours anal. de C. civ., t. VII, p. 181, n° 136 bis).

Le système du Code exigeant d'autres conditions que le simple consentement, pour la translation de la propriété des créances, à l'égard des tiers, bien que très-heureux, au point de vue pratique, a été cependant et avec raison, critiqué par les interprètes. Comment se fait-il en effet que le

législateur, après avoir admis que la propriété
des choses corporelles, mobilières et immobilières, se transférait *ergà omnes* par le seul consentement des parties, ait dérogé à ce principe pour
les choses incorporelles ?

M. Troplong a essayé de légitimer la solution
donnée par la loi, en partant de cette idée que la
propriété des meubles se transporte à l'égard des
tiers par la tradition seulement; or, suivant lui,
la tradition des biens incorporels consisterait,
comme dans notre ancien droit, dans le signe
extérieur de la convention, dans la signification
qui, par suite, aurait logiquement sa raison d'être :
« On voit, dit-il, que l'art. 1690 exige un genre particulier de prise de possession, dans le transport
des choses corporelles. Il n'est du reste qu'un corollaire du principe général porté dans l'art. 1141 du
Code civil, qui veut qu'en fait de meubles la possession ne soit déplacée à l'égard des tiers que par
la tradition. » (Troplong sur l'art. 1691, *Vente*,
t. II, p. 383).

Mais ce raisonnement repose sur une fausse application de l'art. 1141, car la propriété des meubles corporels est transférée *erga omnes* par la
seule convention (a. 1138); seulement l'effet de ce
principe est presque absolument détruit par cette
autre idée, que le possesseur acquiert la propriété
des meubles, par le moyen d'une prescription
instantanée.

La règle ainsi comprise, qu'en fait de meubles

possession vaut titre, n'étant pas applicable aux biens incorporels, il est préférable d'admettre que la signification et l'acceptation sont des mesures de publicité exigées, contrairement au système ordinaire des translations de propriété, dans l'intérêt des tiers. Cette dérogation pour nous a son explication dans l'autorité de la coutume de Paris; les rédacteurs du Code ont reproduit purement et simplement cette disposition, sans prendre garde que, logique avec les anciens principes, elle devenait une anomalie avec les nouveaux.

Du reste notre critique ne doit avoir qu'une importance bien relative, car, ainsi que nous l'avons dit, les mesures de publicité sont une garantie contre la fraude des créanciers malhonnêtes en même temps qu'elles activent la circulation commerciale.

Il est bien évident, en effet, que la clandestinité des mutations de biens incorporels entraînerait pour le débiteur le danger de ne pas payer entre les mains du véritable créancier, et par conséquent l'exposerait à payer plusieurs fois. De plus les cessionnaires seraient-ils sûrs d'être propriétaires de la créance qu'ils auraient achetée? Certainement non, car il est possible que le cédant ne soit plus créancier, par suite d'une cession qu'il aurait antérieurement consentie.

On voit dès lors que de recherches, que d'incertitudes, que d'obstacles pour les conventions! Aussi, le reproche que nous avons adressé à la loi

n'est-il point d'avoir consacré le principe de la publicité, en matière de mutations de droits de
créances, mais bien de ne pas l'avoir étendu aux
autres mutations de propriété. Enfin, hâtons-nous
de le dire, la loi de 1855 a corrigé, pour les translations de propriété immobilière, les défauts que
nous venons de critiquer dans le Code. Quant aux
meubles corporels, le principe de l'art. 2279 pro-
tége suffisamment les tiers contre la fraude, car
l'acquéreur d'un meuble n'a qu'à se faire mettre
immédiatement en possession, pour que son droit
soit certain.

En résumé, la convention investit le cessionnaire du droit de créance. Mais cette investiture
n'a qu'un effet limité aux parties contractantes.
Pour les tiers, elle n'a d'existence, que du moment où le cessionnaire a fait signification de
droit à la personne du débiteur, ou du jour où
celle-ci a accepté le transport dans un acte authentique. Nous laissons de côté pour le moment
l'énumération des personnes qui peuvent se prévaloir de la qualité de tiers, et nous passons
immédiatement à l'examen des modes de publicité.

§ 1.

De la signification.

C'est la notification au débiteur du fait de la cession : cette notification, rédigée dans la forme

ordinaire des exploits, ne peut être adressée que par le ministère exclusif des huissiers. (Bruxelles, 23 mars 1811 ; Sir., 1811, 2, 280).

Les notaires n'ont pas qualité pour les remplacer à cet égard, car leur rôle est de constater les conventions, d'y attacher l'authenticité, et non de porter des exploits. Quelquefois, il est vrai, et par une disposition spéciale de la loi, leur mission s'élargit (A. 154 C. civ., 1258, C. civ., 173 C. Com.) mais ce sont là des exceptions, que l'interprète ne doit pas étendre.

Aussi repoussons-nous sur ce point l'opinion contraire que M. Rodière a savamment défendue, dans la *Revue du Notariat* (Dal., *Rép.*, vº *Notariat*, nº 253) : nous ne pouvons pas admettre avec lui que les lois modernes n'ont rien changé sur ce point à la théorie de l'ancien droit. Car, s'il en était ainsi, pourquoi le législateur se serait-il exprimé pour autoriser, dans certains cas, les notaires à porter des notifications, au lieu et place des huissiers? Quant à l'intérêt qu'on peut avoir, dans les campagnes, où il y a un notaire et pas d'huissier, à charger le premier de signifier la cession, il existe assurément. Mais c'est une question de législation, un point défectueux peut-être à proposer aux réformes ; ce n'est plus une question d'interprétation.

La coutume de Paris, dans son art. 108, dont nous avons parlé plusieurs fois, prescrivait deux

choses : 1° la signification du transport. 2° La remise au débiteur d'une copie de l'exploit.

La première de ces dispositions a été seule re-
produite par les rédacteurs du Code ; la seconde
n'existe plus. Ce qu'il importe en effet pour les
tiers de savoir, c'est que l'ancien créancier n'existe
plus, un créancier nouveau lui ayant succédé dans
son droit.

Quant à l'acte de cession, il ne peut atténuer
ni augmenter, en quoi que ce soit, les obligations
du débiteur, car il n'implique qu'un simple dé-
placement de la créance. Aussi, non-seulement
il n'est pas nécessaire de laisser au débiteur copie
de l'exploit, mais l'exploit lui-même n'est pas tenu
de reproduire l'acte de cession (Troplong, *Vente*, II,
p. 399).

La seule condition qu'on exige, c'est que l'exploit
soit daté : la date de la signification en effet fixe le
moment précis, à compter duquel le cessionnaire
est certain de garder la créance ; et par conséquent, c'est en comparant la date des significations successives qu'on arrive à la solution des
conflits entre plusieurs cessionnaires.

Très-souvent, l'heure précise des significations
n'aura pas été indiquée, et par conséquent on se
demandera comment résoudre le conflit entre
deux cessionnaires, ayant fait signification le
même jour?

Un point qui ne peut faire difficulté, c'est lorsque les deux significations n'ont pas d'heure indi-

quée. Alors, on recourra au moyen le plus logique : les cessionnaires étant égaux en droits, seront réduits réciproquement et concourront par égales portions sur le montant de la créance.

Que si l'une des significations est datée et que l'autre ne le soit pas, la question devient plus délicate. Le tribunal de Valence par un jugement en date du 8 novembre 1836, confirmé par un arrêt de la Cour de Bordeaux, du 30 décembre 1837, a admis dans l'espèce la preuve testimonale : « Attendu qu'aux termes de l'art. 1690 C. civ., le cessionnaire est saisi à l'égard des tiers, par la notification du transport fait au débiteur..... Que la preuve d'antériorité des significations, ne résultant pas des exploits de dénonciation du transport, il y avait lieu d'admettre la preuve testimoniale, et que cette preuve était admissible, puisqu'il était certain que le cessionnaire (dont la signification portait l'heure) n'avait pu faire résulter une preuve écrite de son exploit, qu'autant que l'autre aurait mentionné l'heure; ce qui ne dépendait pas de lui. » (Dal., *Saisie-Arr.*, p. 556).

Ce système nous paraît bon ; l'art. 1348 en effet admet la preuve testimoniale, toutes les fois qu'on n'a pu se procurer une preuve par écrit. En outre, l'opinion contraire conduirait à la fraude. Exemple : Pierre fait deux cessions successives d'une même créance. L'un des cessionnaires apprend que l'autre a signifié au cédé l'existence de son droit. Sans perdre un instant et le même jour il fait lui aussi sa signification, en recommandant à l'huissier de ne pas indiquer l'heure. Dans cette espèce, avec l'opinion opposée, le second cessionnaire viendra sur le montant de la créance, par droit égal de concours avec le cessionnaire le plus diligent.

Toutefois, on ne saurait contester que l'article 1341, qui défend de recevoir la preuve par témoins, outre le contenu aux actes, est, à notre encontre, un puissant argument.

C'est au domicile général du débiteur cédé, que la signification doit être faite. Mais *quid*, lorsque le débiteur est à l'étranger ? La question s'est présentée dans la pratique et a été tranchée par un arrêt de la Cour de Paris, en date du 25 février 1825.

Ce qui faisait naître le doute, c'étaient deux articles du Code de procédure, les art. 69 et 560, le premier réglant la question, pour les ajournements, d'une façon différente du second, la réglant pour les saisies-arrêts.

Les juges ont pensé, avec raison, que l'art. 560 devait être appliqué de préférence, car les motifs de la signification sont les mêmes que ceux de la saisie-arrêt. Au fond, c'est toujours une défense de payer entre les mains du créancier faite au débiteur par une personne ayant qualité pour cela. « ... Qu'aux termes de l'art. 560 du C. de pr. civ., la saisie-arrêt ou déposition entre les mains de personnes non demeurant en France, sur le con-

tinent, ne doit pas être faite aux domiciles des
procureurs du roi, mais doit être signifiée à personne ou à domicile; que le motif de cet article, qui
est d'empêcher le paiement que pourrait faire le
débiteur à son créancier, est le même que celui
qui sert de fondement à la signification du transport; que, par conséquent, il y a lieu d'appliquer
au transport la même disposition... » (Dalloz,
1826, 2, 60.)

La signification est susceptible d'être faite indistinctement par le cédant ou le cessionnaire. Le
cédant, à vrai dire, n'y aura pas grand intérêt ;
toutefois il est possible qu'il veuille supprimer
tous les rapports, qu'entraînait son ancienne
qualité et cesser toutes relations avec la personne
du débiteur; pour cela, il lui notifiera qu'il est
désormais désintéressé (Troplong, *loc. cit.*, p. 401).

Mais dans tous les cas, la signification doit être
adressée au débiteur lui-même, ou à son domicile.
S'il y a plusieurs débiteurs d'une même dette, à
qui la signification doit-elle être faite ?

Si les débiteurs sont conjoints, il doit y avoir
autant de notifications que de débiteurs; si les débiteurs sont unis par les liens de la solidarité, il
suffit de signifier le transport de la créance à l'un
d'eux seulement.

En effet, chacun des débiteurs solidaires est tenu
de la totalité de la dette ; par conséquent la signification, pourvu qu'elle soit adressée à l'un d'eux,
frappe la créance tout entière. Toutefois le paie-

ment fait de bonne foi entre les mains du cédant par l'un des débiteurs, auquel le transport n'aura pas été signifié, sera, en vertu de l'art. 1691, déclaré libératoire (Rouen, 15 juin 1847; Sir., 49, 2, 25.) Mais le danger que court le cessionnaire de ce chef n'est pas une raison suffisante, pour admettre, à l'égard des autres tiers, que la signification est nulle. Car l'art. 1691 leur est tout à fait étranger et par conséquent ne saurait leur profiter en rien.

Du principe que la signification doit être adressée au débiteur, nous tirons deux conséquences, méconnues par la jurisprudence :

1° Quand une personne est dépositaire de la somme affectée au paiement d'une obligation, la signification qui lui est faite, est de nul effet à l'égard des tiers.

La Cour de cassation cependant a admis la doctrine contraire; dans un article du 17 nov. 1841, elle a décidé qu'une personne, ayant versé des fonds au Trésor public, pour constituer un cautionnement à un fonctionnaire, avait fait, à l'égard des tiers, une cession valable de ses droits, du jour où elle avait signifié le transport au Ministre des finances ou à la Caisse des dépôts et consignations : « Attendu que la saisie-arrêt doit être signifiée, suivant l'art. 557, C. pr. civ., non au débiteur sur lequel elle est formée, mais au tiers détenteur des sommes ou effets que la saisie-arrêt a pour objet d'atteindre; qu'il en est de même de la signification du transport d'une créance; que c'est au tiers détenteur de la somme due que le transport doit être signifié, pour constater, à l'égard des tiers, la transmission du droit cédé... »

Ainsi la Cour de cassation fait, suivant nous, une assimilation arbitraire entre deux choses tout à fait différentes : la saisie-arrêt et la signification.

Peut-être le système que nous combattons est-il meilleur au point de vue pratique; peut-être a-t-il des avantages sur celui auquel nous nous rallions ; mais comment le faire prévaloir? L'art. 1690 nous dit formellement que le cessionnaire n'est saisi à l'égard des tiers, que par la signification du transport au débiteur. Aller au-delà des termes de la loi, ce serait ouvrir la porte à bien des complications.

Du reste, le système, que nous croyons être celui du législateur, est-il, par ses dispositions restrictives, tout à fait injustifiable? Nous ne le pensons pas ; en exigeant que le débiteur lui-même fût prévenu, on a voulu éviter les difficultés suivantes : supposons en effet que le débiteur, ignorant la signification faite par le cessionnaire de la créance à la personne de son mandataire, mais sachant que la dette n'est pas encore payée, prenne les devants et s'acquitte entre les mains du cédant.

Ce paiement sera-t-il considéré comme nul et non avenu? Le cessionnaire pourra-t-il réclamer de son côté le paiement, auquel, d'après la jurisprudence, la signification adressée au mandataire lui donne droit? Assurément, dans l'opinion des adversaires, et nous ne craignons pas de le dire, contrairement à toute justice.

2º Le cessionnaire d'une créance hypothécaire n'est valablement saisi à l'égard des tiers que par la signification au débiteur ; il n'y a pas d'exception même au cas où postérieurement à l'adjudication de l'immeuble hypothéqué, il aurait adressé sa signification à l'adjudicataire.

La cour de Limoges, dans un arrêt du 14 janvier 1842, a suivi ici une doctrine opposée: « Attendu que, s'il est vrai en droit que le prix de l'immeuble exproprié ne cesse pas d'être la propriété du saisi dépossédé, il n'est pas moins vrai que ce prix ne peut lui être payé, au préjudice de ceux de ses créanciers, à qui il avait consenti des hypothèques sur cet immeuble; que dès lors, si ce prix lui est dû en principe, il est incontestable qu'en fait, il ne peut être payé qu'à ses créanciers; que du jour de l'adjudication sur expropriation forcée, l'acquéreur devient personnellement obligé au paiement de ce prix envers les créanciers, par le fait seul de sa succession à la propriété de l'immeuble, sous l'affectation de ses charges...

« Attendu que les effets de cette obligation peuvent être cédés par le créancier, à qui l'hypothèque inscrite les assure ; qu'ils ne peuvent l'être évidemment qu'avec la créance, à laquelle ils sont attachés, et dont ils ont pour but d'assurer le paie-

ment, mais qu'ils peuvent être exercés, indépendamment de l'action personnelle, résultant de la
créance contre le débiteur principal exproprié ;
que, pour s'en assurer le bénéfice contre l'acquéreur, il ne peut être nécessaire de notifier à ce débiteur, la cession qu'on en a reçue ; que, en négligeant cette formalité, on peut s'exposer, il est vrai,
au danger assez peu probable de voir le débiteur
exproprié, payer directement sa dette au créancier qui a consenti la cession, mais qu'il ne peut
en résulter que la notification faite à l'acquéreur,
de la cession consentie sur la créance qu'il doit en
cette qualité, ne saisisse pas le cessionnaire de la
valeur cédée, à l'encontre ou des cessionnaires postérieurs ou des simples saisissants sur cette
créance... » (Dal., *Vente*, p. 421).

Quelque ingénieuse qu'elle soit, cette argumentation ne saurait prévaloir. La Cour de Limoges
avoue en effet que le transport de la créance résulte
de la signification, faite à une personne qui n'est
pas débitrice, mais qui seulement est tenue de
payer le prix de l'immeuble hypothéqué, parce
qu'elle s'en est rendue adjudicataire.

Or, cette solution n'est-elle pas contraire au principe de l'art. 1690 qui exige que la signification
soit faite au débiteur lui-même ? Sans doute, les
partisans de la doctrine que nous combattons, en
limitent les effets par l'addition de ce tempérament
que le paiement de la dette fait, même après la
signification, par le débiteur, au mandataire en-

traîne la libération de celui-ci. Mais, s'il en est ainsi à l'égard du débiteur, pourquoi en serait-il autrement à l'égard des autres tiers? L'arrêt ne le dit pas ; il se contente d'une affirmation, qui nous semble d'autant plus contestable, dans l'espèce, qu'on ne peut pas dire que les conditions de l'article 1690 aient été remplies.

Si précédemment, nous avons admis une doctrine analogue, dans l'hypothèse d'une signification faite à un des débiteurs solidaires, c'est qu'alors les tiers n'auraient pu prétendre qu'on avait omis de signifier le transport au débiteur de la totalité de la dette.

En résumé, nous arrivons à cette conclusion que la loi est *absolument* restrictive quant aux personnes auxquelles la signification doit être faite.

Mentionnons, en terminant, la loi du 9 juillet 1836, a. 13, qui traite la question de savoir à qui doit être adressée la signification du transport des créances sur l'État. Seront compétents, pour la recevoir, les payeurs, agents ou préposés, sur la caisse desquels les mandats de paiement seront ou devront être délivrés.

Cette loi n'a été que la confirmation de la pratique antérieure ; c'est ce que fait remarquer, d'ailleurs, un arrêt de cassat. du 4 mars 1840 : « Attendu que la loi du 9 juillet 1836 n'est pas, en ce point, introductive d'un droit nouveau ; qu'elle n'a fait que confirmer et maintenir les dispositions législatives antérieures » (Dal., *Vente*, p. 430).

Signalons une exception : à Paris, bien que les deniers transportés soient payés à la Caisse du trésorier payeur général, la signification est faite au conservateur des oppositions au ministère des finances. Mais cette disposition est toute spéciale à Paris et n'est point étendue à d'autres hypo- thèses.

§ II.

De l'acceptation.

Le second mode de publicité admis par la loi pour les cessions de créances est l'acceptation du débiteur dans un acte authentique; on peut la définir : c'est la reconnaissance notariée par le débiteur du transport de la créance.

L'art. 1690 semble admettre l'acceptation comme un mode de publicité anormal, plutôt toléré qu'é- dicté dans un but d'application désirable. Le prin- cipe, en effet, qui gouverne la publicité en matière de transports est que la créance doit être signifiée. *Néanmoins*, le cessionnaire est saisi par l'accep- tation du débiteur : la loi paraît donc considérer comme un pis-aller ce second mode de publicité.

Mais ce n'est qu'une apparence; il n'y a aucune bonne raison pour préférer la signification à l'ac- ceptation dans la forme authentique. Ce n'est, en effet, que par un vice de rédaction, n'entraînant d'ailleurs aucune conséquence pratique, que cette dernière a pu être placée vis-à-vis de l'autre dans un état apparent d'infériorité.

Nous irons même plus loin et nous dirons qu'à choisir entre les deux procédés, l'acceptation est préférable à la signification, car elle assure d'une façon plus complète les effets du transport.

La signification, quelque rapide qu'elle soit, demande toujours, pour être faite, certains délais pendant lesquels les tiers ont le temps d'acquérir des droits opposables au cessionnaire. L'acceptation, au contraire, quand elle est concomitante de l'acte de cession, ferme la porte à l'éventualité même de ce préjudice.

Que si l'acceptation est postérieure à l'acte de cession, elle est encore plus avantageuse que la signification, en ce qu'elle implique un certain engagement du débiteur cédé. En effet, en acceptant la cession, le débiteur se reconnaît tacitement obligé envers le cessionnaire. La signification, au contraire, étant un acte essentiellement unilatéral, ne lie pas le débiteur et ne lui enlève pas, par conséquent, dans quelque mesure que ce soit, sa liberté d'action. Dans une autre partie de cette étude, nous aurons à revenir sur ces différences.

La loi exige l'authenticité de l'acceptation dans un double but : 1° pour assurer la certitude de la date ; 2° dans l'intérêt des tiers. La certitude de la date résulte souvent de la simple formalité de l'enregistrement ; par conséquent, si cette première raison était la seule, le législateur n'aurait pas exigé l'authenticité de l'acceptation. Mais il y en a une autre, car les tiers sont intéressés à ne pas être la dupe d'une acceptation apocryphe; or, c'est à ce résultat qu'on serait parfois arrivé si l'acceptation n'avait pas dû être faite dans la forme notariée. On comprend, en effet, que la vérité d'un acte contenant une acceptation sous seing privé dépendrait d'un procès en vérification d'écriture, et que les tiers, autres que le débiteur, qui auraient intérêt à la contester seraient souvent désarmés faute de preuves suffisantes.

L'authenticité, au contraire, donne à l'acceptation une garantie de certitude des plus fortes, que le législateur a bien fait, dans l'espèce, d'exiger (M. Colmet de Santerre, t. VII, p. 183, nᵒ 136 *bis*). Mais le motif qui a fait édicter, pour l'acceptation, la nécessité de la forme authentique, doit en limiter les effets. De là, la conséquence suivante : Le débiteur qui a accepté, dans un acte sous seing privé, le transport de la créance, ne peut arguer du défaut d'authenticité, pour se refuser à payer une seconde fois au cessionnaire la dette dont il se serait déjà acquitté, entre les mains du cédant.

Ici, en effet, que peut-on craindre? Que la date de l'acceptation soit mensongère, mais nous supposons qu'elle a date certaine, puisqu'elle émane du débiteur à qui on l'oppose; que l'acte tout entier soit l'œuvre d'un faussaire, mais le débiteur a toujours le droit de prouver qu'il n'en est pas l'auteur, et rien ne lui sera plus facile. Du reste, le système contraire serait bien difficile à justifier.

Car, comment admettre qu'un individu ait le moyen de se soustraire aux conséquences d'une convention librement conclue? Sans doute, dans les contrats solennels, où la forme est un élément essentiel, dans les donations, par exemple, il en est ainsi; mais, dans l'espèce, l'acceptation authentique, est requise dans l'intérêt des tiers, c'est-à-dire dans l'intérêt des personnes qui y sont demeurées absolument étrangères.

Nous irons même plus loin, et nous dirons que l'acceptation verbale est suffisante pour permettre au cessionnaire d'opposer au débiteur le fait du transport. Que s'il y a contestation sur le fait de l'acceptation du transport, le cessionnaire lui déférera le serment, le fera interroger sur faits et articles, et enfin en appellera à la preuve testimoniale, quand le montant de la créance sera inférieur à 150 francs (M. Duranton, *Cours de droit français*, t. XVI, p. 506).

Le débiteur qui, dans un acte sous seing privé, ou même verbalement, a accepté le transport de son obligation, perd le droit de se libérer entre les mains du cédant, mais non entre les mains d'un second cessionnaire, qui lui aurait valablement fait sa signification. Exemple : Pierre cède successivement à Jean et à Jacques une créance de 1000 francs sur Paul, lequel, après avoir accepté, dans

la forme sous seing privé, la cession que Pierre a
consentie à Jean, reçoit la signification de Jacques.
Or, s'il paie ce dernier, Jean n'aura pas à se plaindre ; Paul sera libéré à son égard.

Cette solution se comprend sans peine : le débiteur qui accepte le transport même sous seing privé,
reconnaît que le cédant a cessé d'être propriétaire
de la créance; il ne peut donc le payer sans causer
au cessionnaire un préjudice, dont il est juste de lui
faire subir les conséquences. Mais il en est autrement
d'un second cessionnaire qui a signifié son transport ; l'acceptation de la première cession n'étant
pas opposable aux tiers puisqu'elle n'a pas eu lieu
dans la forme authentique, Jacques, dans l'espèce
que nous avons supposée, est devenu, par sa
signification, propriétaire de la créance *erga omnes*
et par suite a qualité pour contraindre le débiteur
au paiement. Dès lors comment rendre celui-ci
responsable d'un fait qui, sans doute, a préjudicié
à Jean, mais qu'il était légalement tenu d'accomplir ? (Orléans, 29 novembre 1838; Sir., 39, 2-327,
Douai, 11 février 1845, Sir., 45, 2-375).

Maintenant, si nous plaçant en dehors d'une acceptation, nous supposons que le débiteur a eu
connaissance du transport, devons-nous dire qu'il
y a pour lui déchéance du droit de payer au cédant?
La question fut vivement discutée dans notre
ancien droit. Ferrière sur l'art. 108 de la coutume
de Paris, p. 123, répondait négativement: « Cet
article n'a pas seulement lieu pour l'exécution,

mais pour faire que le transport n'ait aucun effet, auparavant la signification ». D'autres auteurs soutenaient l'affirmative.

Sous l'empire du Code, il semble que la question ne puisse se soulever, en présence de l'art. 1690, qui par les conditions de *la signification ou de l'acceptation*, qu'il exige d'une façon formelle, exclut tout ce qui serait étranger à ces deux modes de publicité du transport. Ce système restrictif est d'ailleurs suivi par la loi, dans une matière tout à fait analogue, quand la translation de la propriété est subordonnée, à l'égard des tiers, à la formalité de la transcription ; l'acheteur qui n'a pas transcrit, n'est pas admis à se prévaloir de son droit à l'égard des tiers, même en offrant de prouver que ces derniers en ont eu connaissance. (M. Colmet de Santerre, *loc. cit.*, p. 183, n° 136 *bis*, V). Or, pourquoi adopterions-nous, dans l'espèce qui nous occupe, une solution différente ?

Cependant la Cour de cassation ne partage pas cet avis et décide, à tort suivant nous, que la connaissance indirecte du transport est opposable au débiteur cédé, comme la signification ou l'acceptation elles-mêmes. Les raisons qu'elle donne à l'appui de sa solution, sont bien étranges et méritent d'être citées : « Considérant que si en droit la cession ou le transport d'une créance ne peut être opposé au débiteur de la créance, qu'autant que ce transport a été signifié, l'arrêt pour prononcer la validité du transport, s'est fondé, en fait, sur les explications qui avaient eu lieu devant le tribunal, sur la correspondance et les documents qui étaient produits, et sur la connaissance qu'avait eue le débiteur de l'existence et de la sincérité du transport, et qu'en appréciant ces divers éléments, la Cour n'a fait qu'user du droit qui lui est attribué par la loi; qu'ainsi les articles du Code invoqués n'ont pas été violés. » (Arr. 17 août 1844; Sir., 49, 1-48).

La défectuosité de cette argumentation est précisément de résoudre la question par la question elle-même. Que fallait-il prouver en effet, pour attacher à la connaissance indirecte du transport, les effets de la signification ou de l'acceptation ? Il fallait, ce nous semble, établir que l'art. 1690 n'avait pas de dispositions restrictives; que ses termes, quant aux modes de publicité, n'étaient point limitatifs. Or, la Cour de cassation se contente d'affirmer que les juges d'appel ont usé de leur droit, en déclarant que la connaissance du transport, par des voies indirectes, équivalait à la signification.

Nous ne pouvons donc pas suivre, sur ce point, une jurisprudence qui nous paraît tout à fait contraire au texte et à l'esprit de la loi. Le texte est certain; l'esprit ne l'est pas moins. Qu'ont voulu, en effet, les rédacteurs de l'art. 1690? Ils ont voulu supprimer les questions de fait, tarir la source des procès, en posant cette règle absolue : Seront présumés ignorer la cession, tous les tiers, qui

n'en auront pas eu connaissance par le moyen de
la signification ou de l'acceptation; et cette présomption ne pourra être détruite par la preuve
contraire.

Cette règle sera, sans doute, quelquefois rigoureuse, mais le plus souvent elle aura cet effet salu-
taire de forcer le cessionnaire à n'être pas négligent, et de le contraindre à faire, sans retard, la
signification qui assurera l'existence de son droit,
contre les prétentions des tiers.

Que si, méconnaissant ses propres intérêts, il
apporte des retards dans la signification dont le
soin lui incombe, pourquoi voudrait-on que la loi
le protégeât dans des cas où il ne craint pas de
s'abandonner lui-même? Hâtons-nous d'ajouter
que la jurisprudence n'a pas toujours été unanime,
dans le sens de l'arrêt que nous avons cité, et
qu'un certain nombre de ses décisions sont favo-
rables à notre système (Cass., 17 mars 1840,
Sir., 40, 1, 198; Bastia, 10 mars 1856, Dal., 56
2, 178).

Mais revenons à la doctrine des adversaires ; sa
première conséquence est d'ouvrir la porte à des
solutions arbitraires, que, pour être logique. on ne
saurait écarter. Ainsi, quand on décide que le
droit du cessionnaire est opposable au débiteur,
s'il est constant que ce dernier en a eu connaissance, on ne doit pas s'arrêter à moitié chemin et
décider autrement pour les autres tiers. La Cour
de cassation est allée jusque-là dans un arrêt du

25 juillet 1832 (Dal., 33, 1, 67) où elle a formellement consacré cette doctrine.

Monsieur Troplong n'a pas été aussi logique ; après avoir admis que le débiteur est lié par la connaissance indirecte du transport, il se défend d'aller plus loin, et critique en ces termes, l'arrêt précité : « Cette décision me semble répugner singulièrement à la pensée de l'art. 1690, qui veut que l'acquiescement du débiteur au transfert soit fait par acte authentique. Supposons que le débiteur accepte le transfert sous seing privé; cette acceptation n'aura pas d'effet à l'égard des tiers. Eh bien ! dans l'espèce, le débiteur n'avait ni accepté, ni répudié le transport; il avait gardé le silence. Il était resté spectateur neutre du conflit relatif au sérieux de la cession. Dès lors, était-il rationnel d'admettre que cet état passif du débiteur dût produire plus d'effet qu'une acceptation formelle sous seing privé ?

« A la vérité, nous avons admis au numéro précédent que le débiteur est lié par une connaissance indirecte. Mais il se trouve dans une position différente des autres tiers, puisque, pour lier ceux-ci, la loi exige une acceptation authentique, tandis qu'une acceptation sous seing privé suffit pour qu'il puisse payer entre les mains du cédant. » Ces critiques, nous les acceptons de grand cœur, sans toutefois approuver le raisonnement que fait M. Troplong, pour justifier ses propres doctrines et en faire disparaître les contradictions. De ce que, en effet, l'acceptation sous seing privé du transport de la créance équivaut, quant au débiteur cédé, à la signification, il ne s'ensuit pas que la connaissance indirecte de la cession doive produire, à son égard, un résultat absolument identique. L'acceptation du débiteur, qu'elle soit dans la forme authentique ou sous seing privé, engendre contre lui une obligation ; elle suppose qu'il s'est reconnu directement obligé envers le cessionnaire; on comprend donc qu'il n'ait pas le droit de se soustraire plus tard aux conséquences de ses engagements.

Quand, au contraire, il n'y a pas acceptation, sur quoi se fonderait-on pour déduire de la simple connaissance du transport, un effet contre le débiteur cédé? Serait-ce sur l'art. 1690? Mais cet article exige l'acceptation du débiteur ou une signification qui lui serait adressée. Serait-ce davantage sur les principes généraux, en matière de contrats? Mais on est lié seulement par ses promesses et ici il n'y en a pas.

En résumé, tout notre système, sur ces différents points, se réduit à deux idées :

1° A l'égard du débiteur, la cession est parfaite, toutes les fois qu'elle lui a été signifiée, ou lorsqu'il l'a acceptée de quelque manière que ce soit. La connaissance indirecte que le cédé acquiert du transport, n'est pas une raison suffisante pour que le cessionnaire s'en prévaille contre lui.

2° A l'égard des tiers, autres que le débiteur, le

cessionnaire doit signifier le transport au cédé, ou obtenir de lui une acceptation dans la forme authentique. Tant que ces formalités ne sont pas remplies, le cédant est toujours propriétaire de la créance, dans ses rapports avec les tiers. (Paris, 2 décembre 1843, Sir., 44, 1, 56). Nous repoussons donc le système intermédiaire, qui fait dépendre le sort des actes, dont les tiers demandent le maintien, de leur bonne ou de leur mauvaise foi. (MM. Aubry et Rau, § 359 *bis*, p. 429).

L'acceptation du transport est possible, soit dans l'acte de cession, soit dans un acte différent. Dans le premier cas, l'acte de cession est rédigé dans la forme authentique; dans le second, il n'est pas nécessaire qu'il soit notarié; l'acceptation seule est soumise aux formes de l'authenticité. M. Troplong, *loc. cit.*, p. 398).

Ce résultat est assez bizarre au premier abord; cependant les motifs qui ont fait admettre l'acceptation solennelle et que nous avons fait connaître, n'existent plus pour l'acte principal de la cession.

§ III

De la transcription de certaines cessions.

Cette troisième condition de forme n'a pas été exigée par le Code civ.; elle dérive de la loi du 23 mars 1855. L'art. 2-5° s'exprime ainsi : « Sera transcrit tout acte ou jugement constatant, même pour bail de moindre durée, quittance ou cession d'une somme équivalente à trois années de loyers ou fermages non échus. » Art. 3 : « Jusqu'à la transcription les droits résultant des actes... énoncés aux articles précédents, ne peuvent être opposés aux tiers qui ont des droits sur l'immeuble, et qui les ont conservés en se conformant aux lois. »

Ces dispositions se comprennent ; sous l'empire du Code, toutes les cessions de créances, quelles qu'elles fussent, étaient parfaites à l'égard des tiers du jour de la signification ou de l'acceptation. Le législateur de 1855 a ajouté une troisième condition pour les cessions de loyers et fermages non échus, dépassant trois années. Pour ces cessions la transcription est requise, car autrement, il y aurait des surprises, dont seraient victimes précisément les tiers, ayant acquis des droits réels sur les immeubles loués. Ainsi le cessionnaire devra, pour opposer le transport à un acquéreur de l'immeuble, ou à des créanciers hypothécaires postérieurs, faire transcrire son droit avant la transcription de l'acquisition ou l'inscription de l'hypothèque.

§ IV

De l'étendue d'application des règles de formes.

La question demande à être étudiée à un double point de vue : 1° quant aux créances pour la cession desquelles les règles de formes sont nécessaires. 2° Quant aux personnes, dans l'intérêt desquelles il les faut appliquer.

1° *Etendue d'application des règles de formes, quant aux créances.* — Nous nous occupons seulement ici des cessions à titre onéreux, sans même revenir sur les transports de loyers et fermages, soumis à la formalité de la transcription, et dont nous avons suffisamment parlé dans notre § 3.

Aussi notre examen se réduira-t-il à la question de savoir, quelles sont les créances, pour la cession desquelles les formalités de l'art. 1690, c'est-à-dire de la signification et de l'acceptation, sont requises.

Remarquons d'abord que la disposition de l'article 1690 est incontestablement exceptionnelle. Le principe général en matière de vente est que le consentement des parties suffit pour transférer, à l'égard de tous, la propriété de la chose. Il n'était pas nécessaire en effet dans la législation du Code, et avant la loi de 1855, de remplir, dans l'intérêt des tiers, des conditions de publicité ; les translations de propriété avaient un caractère occulte.

Pour la cession des créances, qui n'est qu'une vente de choses incorporelles, le législateur a suivi un système différent ; l'art. 1690 est donc une dérogation aux règles générales. Et s'il en est ainsi, il faut bien se garder d'étendre ses dispositions, au-delà de ses termes.

De là les conséquences suivantes :

A. Il ne sera pas nécessaire de signifier un transport de droits successifs (Cass., 6 juillet 1858, Sir., 59, 1, 247.)

B. La cession de droits personnels, portant sur des objets immobiliers ou mobiliers, déterminés dans leur individualité, sera parfaite, *erga omnes*, sans les formalités de la signification ou de l'acceptation. Ce n'est pas en effet un transport de créances ; car la créance est un droit en vertu duquel une personne peut exiger d'une autre personne le paiement d'une somme d'argent, d'une chose mobilière, déterminée, quant à son espèce, ou enfin la prestation d'un fait.

C. A plus forte raison, les formalités de la signification ne seront point nécessaires, au cas d'un changement de créancier déterminé par une cause autre que celle de la cession. Exemple : dans la délégation, dans la subrogation, le nouveau créancier ne sera pas astreint aux exigences de l'art. 1690. Nous en dirons autant, bien que la chose ait été contestée, de la délégation imparfaite, qui n'entraîne pas la décharge du délégant (Contrà : Aubry et Rau, t. IV, p. 432, Agen, 2 décembre 1851 ; Sir., 51, 2, 678).

Même parmi les cessions de créances proprement dites, il en est qui sont dispensées des règles de l'art. 1690, soit en vertu d'une décision expresse de la loi, soit en vertu de la forme que lui ont donnée les parties. Par exemple notre article n'est pas applicable :

A. A la transmission des rentes sur l'Etat, qui s'opère par voie de transfert (loi du 28 floréal an VII. — Décret du 13 thermidor an XIII, a. 1. — V. Aubry et Rau, *loc. cit.*, p. 431). A plus forte raison, en est-il de même des cessions de rentes au porteur, car, pour ces dernières, le créancier n'est pas individuellement déterminé, mais son droit de propriété résulte de ce seul fait qu'il est légitimement détenteur du titre.

B. Au transport par voie d'endossement des effets négociables : cette dispense de remplir les formalités de l'art. 1690 a pour cause les exigences de la circulation commerciale. Si on avait été trop rigoureux pour les modes de publicité, on eût apporté dans les affaires des retards incompatibles avec la célérité qu'elles réclament. Du reste, cette exception aux principes généraux a sa justification dans la volonté présumée des parties. En effet, si, au moment de s'obliger, le débiteur dont les intentions sont certaines dispensait expressément son créancier de l'informer des transmissions de son droit, la loi aurait tort de méconnaître l'effet de cette convention ; ce serait contraire à l'art, 1134. Or, quand on donne à l'acte qui constate l'obligation, la forme commerciale, on est présumé avoir dispensé les cessions futures de cette obligation, des conditions de la signification et de l'acceptation authentique.

Arrivons à une difficulté, sur la solution de laquelle la jurisprudence a beaucoup varié, et qui

se pose en ces termes. L'art. 1690 s'applique-t-il
aux obligations notariées, stipulées payables à
ordre? L'affirmative a été, contrairement à notre
avis, adoptée par plusieurs décisions judiciaires,
notamment par un arrêt de la Cour de Lyon,
du 22 mars 1830 (Sir., 31, 2, 238) et par un jugement du Tribunal de Grenoble, rendu le 19 juillet 1832, dans les termes suivants :

« Attendu : 1° qu'on ne peut déroger aux règles
prescrites par une loi générale, que par la disposition d'une loi spéciale et exceptionnelle, et qu'on
ne peut étendre ses dispositions au delà des termes
que cette même loi renferme; 2° qu'une obligation
notariée emportant hypothèque, quoique stipulée
à ordre, ne peut être considérée comme un effet
de commerce négociable, mais seulement comme
un engagement civil, dont le transport rentrerait
dans la disposition des art. 1689 et suivants du
C. civ., et devrait être signifiée au débiteur pour
produire son effet vis-à-vis du cessionnaire, et
que le simple endossement mis au bas de la
grosse de l'obligation, ne peut suppléer à cette
formalité prescrite par le Code civil ; et que ces
dispositions doivent plus particulièrement recevoir leur application, lorsque, comme au cas pré-
sent, l'obligation, objet du litige, a été contractée
par des individus non commerçants et n'a point
eu pour cause, des causes de commerce; 3° que le
Code de commerce qui est une loi spéciale et
d'exception, ne renferme aucune disposition qui

autorise une obligation notariée à ordre, emportant hypothèque, en lui attribuant par l'endossement le même effet qu'aux lettres de change et billets à ordre, et que si telle eût été l'intention du législateur, il aurait mis dans la loi une disposition précise à cet égard. » (Sir., 35, 2, 340.)

Nous avons dit que nous ne pouvions pas approuver ce système, et à cet égard nous sommes d'accord avec la doctrine et la jurisprudence, qui actuellement se prononce dans notre sens.

Quel est en effet le siége de la difficulté? Le Tribunal de Grenoble répond que le caractère authentique de l'obligation, bien que cette dernière soit à ordre, lui fait perdre sa nature d'obligation commerciale et la place par conséquent sous l'empire de l'art. 1690.

Et pour légitimer cette assertion, il se fonde sur le silence de la loi : si la loi avait permis de donner la forme notariée aux obligations commerciales, elle se serait exprimée d'une façon formelle.

Dans notre pensée, raisonner de la sorte, c'est changer complétement la question; pour être dans le vrai, il faut retourner la proposition des adversaires et dire : Une obligation commerciale ne peut perdre sa nature, par le fait de cette circonstance qu'elle a été souscrite devant notaire; la preuve est dans le silence même de la loi qui ne crée pas de prohibition à cet égard. Car, comme le dit Merlin (*Répert.*, v° *lettre de change*, § 11, n° VII) dans une réponse qu'il fit à une question qui lui était adressée sur ce point. « L'authenticité d'un acte ne peut jamais être un vice; c'est au contraire une garantie de plus de la véracité de l'acte même. » (Dans ce sens V. aussi M. Duvergier, *tr. de la Vente*, t. I, n° 212; Cass., 30 juillet 1828; Dal., 28, 1, 360; — Lyon, 4 juin 1830; Sir., 33, 1, 817 ; — Grenoble, 17 novembre 1836; Sir., 37, 2, 282.)

Il est bon de remarquer que les Cours de Lyon et de Grenoble n'ont pas longtemps persisté dans la jurisprudence dont nous avons combattu les solutions. On peut donc affirmer qu'aujourd'hui la question est tranchée d'une façon définitive, et à peu près à l'unanimité. Du reste, il n'est point vrai que le C. com. ait créé, dans l'espèce, une exception à l'art. 1690, C. civ. Il n'a fait, pour dispenser des formalités de la signification, qu'interpréter la volonté des parties; par conséquent, comme nous l'avons déjà dit plus haut, le débiteur renonce même valablement dans le contrat, à la signification qu'il est en droit d'exiger, et permet au créancier de transporter ultérieurement à l'égard de tous, son obligation à un cessionnaire, sans autres formes que le consentement des parties.

C. A la cession de titres au porteur : la transmission se fait par la simple tradition (Cass., 17 novembre 1829, Sir., 30, 1, 34.)

En dehors des cas que nous avons cités, et dans lesquels la cession de créances se produit *erga omnes*, sans le secours des formes de publicité, l'application de l'art. 1690 est toujours nécessaire.

Par conséquent, il n'y a pas lieu d'examiner à cet égard entre quelles personnes se fait la cession ; si ces personnes sont commerçantes ou non; quelle est la nature de la créance cédée, si cette créance est commerciale ou civile. Dans tous les cas, la transmission de la créance ne se réalise, à l'égard des tiers, que par l'accomplissement des formalités de la signification. (Troplong, *Vente*, t. II, n° 908 ; — Duranton, *Vente*, n° 505, p. 517 ; Cass., 23 novembre 1813, Sir., 14, 1, 78; — Bordeaux, 18 août 1819, Sir., 30, 2, 5; Cass., 27 novembre 1865, Sir., 66, 1, 60; Cass., 28 avril 1869; Dal., 69, 1, 445.)

La Cour de cassation toutefois n'a pas été sans varier sur la question ; nous trouvons en effet un arrêt, critiqué par M. Troplong et portant la date du 3 juillet 1827 (Dal., 27, 1, 289), dans lequel il est déclaré que l'art. 1690. C. civ., ne concerne pas la cession d'un marché entre négociants, au sujet de marchandises à livrer : « Attendu que les articles 1690 et 1693, applicables à la cession de simples créances, sont sans application à des marchés qui lient, sous des rapports particuliers, les parties qui les ont souscrits. »

Mais s'il en est ainsi, si le Code civ. est sans applications dans les usages de commerce, pourquoi la loi s'est-elle exprimée, par une disposition formelle, dans le but de dispenser les actions au porteur des règles de formes? Ce simple rapprochement suffit à détruire le système que la Cour de cassation n'a pas tardé à abandonner elle-même.

*2° Etendue d'application des règles de formes,
quant aux parties, dans l'intérêt desquelles l'articles 1690 les requiert.* — Ici, nous avons à rechercher quelles personnes sont en droit d'exiger
l'accomplissement des formes, et de se prévaloir
de leur inobservation, pour repousser, quant à
elles, les effets de la cession.

Remarquons tout d'abord que la loi ne les énu-
mère pas; elle se contente de les désigner, d'une
façon générale, sous l'appellation assez vague de
« tiers » : « Le cessionnaire n'est saisi à l'égard des
tiers que par la signification du transport faite au
débiteur. »

Or que faut-il entendre par là? Deux interprétations sont possibles.

Dans la première, les tiers sont toutes les personnes, sans distinction, qui ont intérêt à contester la cession.

Dans la seconde les tiers sont les personnes seulement qui ont intérêt à contester la cession, *parce qu'*elles ont eu intérêt à la connaître.

Le mot « tiers » peut donc être entendu et dans
un sens extensif, et dans un sens restrictif. — A
quelle solution nous arrêter? Avant de discuter
l'un et l'autre système, il est bon d'en savoir tout
d'abord les différences pratiques qui ressortent des
exemples suivants : supposons que le cessionnaire
d'une créance, n'ayant pas fait la signification
requise, pratique une saisie-arrêt entre les mains
d'un débiteur du cédé. Si, méconnaissant la défense

de payer, ce débiteur se libère envers le cédé, sera-t-il admis, pour éviter un second paiement, à opposer au cessionnaire le défaut de signification ? Oui, dans le premier système, car il a intérêt à contester la cession, et cette condition suffit; non dans le second, car la connaissance, ou l'ignorance du transport ne pouvait modifier en rien son obligation envers le cédé.

La saisie-arrêt était seule capable de porter atteinte à son droit de payer entre les mains de ce dernier (M. Colmet de Santerre, t. VII, n° 137 *bis*, IV, p. 187).

Nous trouvons un autre exemple dans une affaire soumise à la Cour de cassation et tranchée par un arrêt du 22 juillet 1828 : le cessionnaire d'une créance hypothécaire surenchérit du dixième, après une procédure de purge et sans avoir fait signification du transport. Le premier système admet le tiers détenteur à se prévaloir du défaut de signification, à l'effet de repousser la surenchère. Le second système donne une solution contraire. Car en quoi la cession a-t-elle modifié les droits du tiers détenteur ? Il faisait valablement ses notifications au domicile fixé par l'inscription, par conséquent l'omission des formalités, requises par l'art. 1690, ne lui préjudiciait en rien. (Dal., *Vente*, p. 408, Colmet de Santerre, *loc. cit.*, 137 *bis*, IV, p. 187).

C'est dans le sens du second système que s'est prononcée la Cour suprême. Aussi M. Troplong, d'accord sur ce point avec M. Dalloz, estimant qu'on ne saurait apporter des limitations au sens du mot « tiers, » n'épargne pas les critiques à cette décision.

« Je m'explique difficilement, dit-il, sur quelles preuves la Cour de cassation établit que les tiers dont parle l'art. 1690 sont ceux qui ont acquis des droits entre le transport et la signification. Cette limitation est absolument nouvelle, je n'en trouve des textes dans aucun auteur... Quoi donc ! si les créanciers du cédant ont des droits qui remontent à une époque antérieure à la cession, ils ne pourront pas saisir les deniers entre les mains du débiteur ? Ils ne pourront pas invoquer l'art. 1690 ? La Cour les repoussera comme n'ayant pas qualité pour critiquer le défaut de signification ? Et cependant c'est pour protéger les créanciers antérieurs à la cession que l'art. 1690 a été fait ; c'est pour empêcher qu'ils ne soient frustrés par des cessions simulées, qu'on a exigé une prise de possession publique et spéciale. Assurément, la Cour de cassation n'a pas aperçu toute la portée de sa proposition, sans quoi, elle l'aurait rejetée comme une atteinte portée à la loi. »

Quelque grande que soit l'autorité du savant auteur, nous ne pouvons nous associer à sa manière de voir. Nous préférons de beaucoup l'opinion qui restreint la dénomination du mot tiers, tout en reconnaissant que M. Troplong est logique avec ses propres idées sur le caractère de la signification. Nous savons, en effet, que, dans son esprit, la signification est, pour les biens incorporels, ce que la tradition est pour les choses corporelles.

Or, posant en principe que la propriété de ces dernières se transmet, à l'égard de toutes les personnes étrangères au contrat, par le moyen de la tradition, il a été conduit naturellement à dire que la signification jouant, dans la transmission des biens incorporels, le rôle de la tradition pour les meubles corporels, était nécessaire dans les mêmes conditions.

Nous avons, sur ce point, suivi un système différent ; nous avons admis que, loin de remplir les fonctions de la tradition, dont les effets, même en matière de transmission des choses corporelles, n'ont pas l'étendue qu'on leur attribue, la signification n'est qu'un mode de publicité, admis contrairement aux principes généraux, pour le transport des créances.

Il ne faut donc pas étendre l'exception au-delà des limites dans lesquelles son but doit la restreindre, mais il importe de faire bénéficier du défaut de publicité les personnes seulement qui sont intéressées à connaître et à contester la cession. Au reste, comme le fait remarquer avec beaucoup de raison M. Colmet de Santerre, t. VII, n° 137 *bis*, IV, p. 187, « le législateur nous paraît avoir voulu dire quelque chose d'analogue à ce que dit plus explicitement la loi de 1855 sur la trans-

cription quand elle confère le droit d'opposer le
défaut de transcription seulement à ceux qui ont
des droits sur l'immeuble et les ont conservés conformément aux lois. »

Enfin, les doléances de M. Troplong sur la condition dans laquelle il nous accuse de vouloir placer les créanciers antérieurs du cédant partent d'un
trop bon naturel pour que nous n'en prenions
souci. Mais c'est à tort qu'il se plaint ; nous montrerons bientôt que le droit des créanciers dont il
parle est à l'abri, même dans notre opinion, de
toute attaque injuste.

En vertu des principes que nous avons posés,
nous donnerons la qualité de « tiers, » pouvant se
prévaloir du défaut de signification, aux personnes
suivantes :

1° *Au cédé*. — Pour lui le doute n'est pas possible, la loi s'exprimant formellement à son égard
dans l'art. 1691.

Notre règle, d'ailleurs, suffirait à lui donner la
qualité de « tiers; » il a un grand intérêt à connaître la cession, puisqu'il court le danger de
payer entre les mains du cédant, postérieurement
au transport, c'est-à-dire de se libérer entre les
mains d'une personne qui n'a plus de droits.

2° *A un second cessionnaire*. — Ici l'application
de notre définition aura lieu sans contestation. En
effet, tant que la transmission de la créance n'est
pas connue par le moyen des actes de publicité
requis par la loi, le cédant a toujours les appa-

rences du créancier. Or si, après une cession demeurée occulte par la faute du cessionnaire, le créancier originaire consent un nouveau transport suivi de la signification au débiteur cédé, les effets de la première opération sont anéantis par ceux de la seconde, car, autrement, le second cessionnaire serait lésé par le fait de cette circonstance, qu'il ignorait le premier transport (V. Colmet de Santerre, *loc. cit.*, 137 *bis*, II, p. 185).

3° *A un créancier gagiste.* — L'hypothèse est bien simple : Il faut supposer que Pierre, après avoir cédé à Jean sa créance sur Paul, donne cette même créance en gage à son créancier Jacques. Si le cessionnaire Jean pouvait, sans avoir fait la signification, dépouiller Jacques de son gage, il lui causerait un préjudice, puisque Jacques n'a traité avec Pierre, que parce qu'il le croyait toujours créancier de Paul.

4° *Aux créanciers du cédant.* — Les créanciers postérieurs à la cession sont certainement des tiers, car ils sont intéressés, au moment où ils prêtent, à savoir si leur débiteur a bien la fortune qu'il paraît avoir. On comprend donc qu'ils puissent se prévaloir d'une saisie-arrêt, faite entre les mains d'un débiteur cédé, antérieurement à la signification du transport.

Mais nous allons plus loin, et quoi qu'en dise M. Troplong, nous pouvons considérer, dans notre opinion, comme des « tiers », les créanciers antérieurs à la cession. Ils ont intérêt eux aussi, à

connaitre la cession, car le patrimoine du débiteur
est le gage de leurs droits; or, peut-être le défaut
de signification les a-t-il laissés dans une confiance
trop grande, et par conséquent les a-t-il
empêchés de prendre des mesures immédiates
pour la sauvegarde de leurs intérêts. Nous observons
donc notre règle, quand nous disons que la
signification du transport se produisant postérieurement
à la saisie-arrêt, ne dépouille pas les
créanciers, quels qu'ils soient, au profit du cessionnaire
en retard.

Nous ne saurions cependant dissimuler qu'il
soit étrange de donner la qualité de tiers à des
ayants-cause à titre universel du cédant, car, en
principe, ils n'ont pas plus de droits que lui, à
moins qu'ils n'agissent par l'action Paulienne,
dans le but de faire tomber des actes ayant un
caractère frauduleux. (A. 1167) (Colmet de Santerre, *loc. cit.*, n° 137 bis, III, p. 186).

Mais les rédacteurs du Code ont accepté sur ce
point la doctrine de l'ancien droit, car autrement
ils se seraient exprimés formellement, à l'effet de
la repouser. Or, Pothier (*Traité de la Vente*,
n° 556) nous dit : « De là il suit : 2° qu'avant cette
signification, les créanciers du cédant peuvent
saisir et arrêter ce qui est dû par le débiteur, dont
la dette a été cédée, et ils sont préférés au cessionnaire
qui n'a pas, avant cette saisie-arrêt, fait
signifier son transport. »

Cette solution est-elle illogique et doit-elle être

critiquée? Peut-être ; cependant elle s'explique,
car, suivant la remarque de M. Colmet de Santerre (*loc. cit.*, n° 137 bis, III, p. 186), « elle part
de ce que l'art. 108 de la Coutume, devenu l'article 1690 du Code, établit une sorte de formalité
de publicité, et au point de vue des règles de publicité, il n'était pas sans exemple, dans l'ancien
droit, que les créanciers, même chirographaires,
eussent plus de droits que leur débiteur, et pus-
sent invoquer l'inaccomplissement d'une formalité, tandis que leur débiteur, leur auteur n'avait
pu s'en prévaloir. Nous songeons à la formalité
de l'insinuation des donations; son omission pouvait être invoquée par les créanciers du donateur
et non par le donateur lui-même (art. 27, Ordonnance 1731). »

Nous en avons fini avec l'énumération des
personnes dans l'intérêt desquelles les formes de
publicité sont requises; nous aurons à revenir
avec plus de détails, sur ces différents points,
quand, dans le chapitre III, nous rechercherons
les conséquences de la violation des règles de
formes de l'art. 1690.

CHAPITRE II

RÈGLES SPÉCIALES AUX CESSIONS DE CRÉANCES LITIGIEUSES

Les règles que nous avons étudiées, dans le chapitre 1, sont applicables aux créances litigieuses et non litigieuses. Dans ce chapitre, nous rechercherons seulement les conditions spéciales auxquelles est soumise la cession des créances, qui sont l'objet, quant au fond, d'une contestation judiciaire.

Ces conditions ont été exigées dans une pensée essentiellement restrictive. La loi ne voit pas, en effet, d'un œil favorable des spéculations aussi aléatoires, qui, dans certains cas, et, sans une réglementation rigoureuse, deviendraient la source des abus les plus graves. Nous nous contenterons ici de donner les règles générales, nécessaires à la transmission des créances litigieuses ; quant à l'examen des conséquences, qui dérivent d'une cession valablement faite, nous croyons devoir le réserver pour plus tard.

Dans notre ancien droit, la détermination des créances litigieuses était délicate. En effet, dans son *Traité de la vente*, p. 335, Pothier nous dit : « On appelle créances litigieuses, celles qui sont contestées ou peuvent l'être en total ou pour partie, par celui qu'on en prétend le débiteur, soit que le procès soit déjà commencé, soit qu'il ne le soit pas encore, mais qu'il y ait lieu de l'appréhender. »

Ainsi, sous l'empire du droit ancien, il n'était point nécessaire que le procès fût commencé, que la contestation se fût produite en justice ; il suffisait, pour que la créance eût le caractère litigieux, que la contestation fût probable. On comprend alors que la question devait se résoudre en fait et que les juges avaient, à cet égard, un pouvoir appréciateur.

Aujourd'hui, l'art. 1700 définit ce qu'on entend par une créance litigieuse : « La chose est censée litigieuse, dès qu'il y a procès et contestation sur le fond du droit. » Il faudra donc deux conditions pour que la créance ait le caractère litigieux :

1º Qu'il y ait procès entre les parties, relativement à la créance.

2º Que le procès porte sur le fond du droit. Et, dans ce dernier cas, le juge n'a point à examiner quelle est la force de l'argumentation du défendeur (Delvincourt sur l'art. 1700 — Zachariæ, § 359) ; ceci ne rentre pas dans sa compétence.

Toutefois, si un jugement définitif avait été rendu sur la créance, un procès nouveau intenté par le débiteur ne donnerait pas à la créance le caractère litigieux. Ceci a été jugé avec raison par un arrêt de cassation du 4 mars 1823 (Sir., 23-1-204).

La rédaction de l'art. 1700 n'est pas aussi claire qu'elle le paraît au premier abord. Car on ne nous dit pas que les conditions exigées soient nécessaires, pour donner à la créance le caractère litigieux ; la loi n'emploie pas la forme suivante qui ne prêterait à aucune équivoque : « La chose *n'est* litigieuse, *que* dès qu'il y a procès et contestation sur le fond ».

Cependant, il faut entendre cette phrase, comme si sa rédaction était ainsi faite. En effet, qu'a voulu le législateur ? Trancher les difficultés qui s'élevaient dans notre ancien droit sur la question de savoir, si les créances étaient ou non litigieuses, en donnant une formule générale, ne laissant aucune prise à des contestations de fait.

Du reste, M. Colmet de Santerre (*loc. cit.*, n° 147 *bis*, I, p. 219) a justifié en très bons termes la rédaction de notre article : « On n'a pas, il est vrai, donné à l'article une tournure négative et restrictive, mais il paraît résulter de la place qu'occupe l'art. 1700, à la suite de celui qui établit le droit de retrait, que l'art. 1700 contient la définition du droit litigieux. Or, une définition n'a pas besoin de s'exprimer en termes restrictifs, pour exclure tout ce qui ne rentre pas dans sa formule. »

§ 1.

Incapacités de l'art. 1597.

La cession des créances litigieuses est, quant aux parties qui peuvent y intervenir, plus restrictive que la cession des autres créances. Il y a des incapacités nouvelles, que nous allons passer en revue, et qui sont édictées dans l'art. 1597.

Certaines personnes qui sont valablement cessionnaires d'une créance ordinaire, sont incapables, à raison de la position qu'elles occupent, de se faire céder des droits litigieux.« Les juges, leurs suppléants, les magistrats remplissant le ministère public, les greffiers, huissiers, avoués, défenseurs officieux et notaires, ne peuvent devenir cessionnaires des procès, droits et actions litigieux qui sont de la compétence du tribunal, dans lequel ils exercent leurs fonctions... » L'art. 1597 n'est pas difficile à justifier ; d'abord les incapacités qu'il édicte, ne sont point nouvelles. Tirées du droit romain, elles se sont perpétuées dans notre ancien droit.

Les présidents des provinces ne pouvaient soutenir de leur nom et de leur autorité les plaideurs qui venaient devant eux ni être cessionnaires de leurs droits (Cod. civ., II, t. IV, *Ne liceat potentioribus patrocinium litigantibus præstare, vel actiones in se transferre.*)

Il était également interdit aux avocats d'acheter des procès (Dig., liv. L., t. XIII., l. I, § 12. *De extraordinariis cognitionibus.*)

Dans notre ancien droit, les ordonnances furent aussi unanimes à ne pas permettre aux personnes énumérées dans l'art. 1597 de se faire céder des droits litigieux (Merlin, v° *Droits litigieux*, col. 2, p. 398 ; Despreisses, t. I, col. 1, p. 8). Cette persistance à adopter la même solution dans des législations différentes, suffit à en démontrer la nécessité ; en effet, il est facile de comprendre, comme le dit M. Portalis (Fenet, t. IV, p. 117) que « le juge est établi pour terminer les contestations des parties et non pour en trafiquer. » Et puis, si ces opérations ne sont pas très-morales, quand le cessionnaire n'a pas de qualité spéciale, à plus forte raison il en est ainsi, quand il est juge ; leur résultat en effet est d'attiser l'esprit de tracasserie et de chicane (Troplong, *Vente*, t. 1, p. 272).

Dans son énumération, l'art. 1597 parle des défenseurs officieux sans mentionner les avocats. Toutefois, il ne faut pas exclure ces derniers de la prohibition consacrée par la disposition de notre article. En effet, on ne comprendrait pas, dans quel intérêt, cette exception aurait été faite ; d'ailleurs le silence de la loi s'explique, par cette circonstance, qu'au moment de la rédaction du Code, l'ordre des avocats supprimé par la loi des 2-11 septembre 1790 n'était pas encore établi. (Locré, *Lég*. XIV, p. 1.)

La loi en parlant des juges s'est exprimée dans un sens large ; et par conséquent il faut étendre les incapacités à tous les magistrats appelés à statuer sur les conflits en justice, à quelque degré de la hiérarchie qu'ils appartiennent.

De même, il faut les appliquer aux magistrats qui siégent dans les tribunaux administratifs, comme à ceux qui siégent dans les tribunaux judiciaires proprement dits; il n'y a pas lieu de faire exception pour les conseillers de préfecture et les conseillers d'Etat.

Mais l'art. 1597 crée-t-il une incapacité pour les juges de paix, siégeant en conciliation ? La Cour de Lyon a répondu affirmativement, dans un arrêt du 10 juillet 1839 (Sir., 40, 2, 104) : « Attendu que cette prohibition (celle de l'article 1597) d'ordre public et de moralité publique s'applique évidemment aux juges de paix d'un canton, comme aux juges d'un tribunal d'arrondissement, ou à un magistrat, dans le ressort de la Cour près de laquelle il exerce ses fonctions ; puisque d'une part la généralité des termes de l'art. 1597 embrasse nécessairement dans le mot générique de juges, tous les magistrats de l'ordre judiciaire et d'autre part que le motif de la loi qui, suivant M. Portalis, a été d'empêcher les magistrats de trafiquer des contestations qu'ils doivent terminer, s'applique aux juges de paix chargés de concilier les parties. » (Voir aussi Duvergier, *Vente*, t. 1, n° 196.)

Nous repoussons cette solution à un double point de vue :

1° Parce que le juge de paix agissant comme conciliateur ne doit pas être considéré comme juge, puisque, loin de statuer sur un procès, son rôle se borne à l'empêcher.

2° Parce que, suivant nous, quand la créance est cédée à un juge de paix, alors qu'on se trouve en conciliation, elle n'a pas encore le caractère litigieux.

Cette idée, nous le savons, est contraire à la doctrine actuelle et à la jurisprudence ; aussi n'est-ce pas sans hésitation, que nous allons essayer de la défendre. Nous accordons à nos adversaires qu'en législation, il serait peut-être préférable d'étendre l'art. 1597 au cas où il y aurait seulement probabilité de contestations futures, bien que cette solution ait pour résultat d'ouvrir la porte à des questions de fait extrêmement délicates. Mais est-ce le système de la loi ? Peut-on isoler l'article 1597 de l'art. 1700, et dire que la définition contenue dans cette dernière disposition n'est pas applicable à l'hypothèse prévue par la première ? Nous ne le pensons pas ; la loi en parlant des droits litigieux dans l'article 1700 a donné une définition, dont il serait arbitraire de s'écarter ici.

Que si nous invoquons, pour trancher la difficulté , l'autorité de l'histoire, personne ne soutiendra qu'elle ne nous soit pas favorable : dans le rapport sur la vente , que fit au Tribunat M. Faure, dans la séance du 12 ventôse an XII, nous lisons ces lignes dont l'importance ne saurait échapper : Enfin le projet de loi défend aux juges, à leurs suppléants, aux commissaires du gouvernement... d'acquérir des droits et actions litigieux qui sont de la compétence du tribunal où ils exercent leurs fonctions. Non-seulement de pareilles cessions sont déclarées nulles, mais encore les cessionnaires seront passibles de tous dépens, dommages et intérêts. Si cette incapacité n'existait pas, il serait à craindre que ces différentes personnes, armées de leurs titres d'acquisition n'inquiétassent les plaideurs par leur influence ou tout autre moyen, et ne les forçassent à faire en leur faveur des sacrifices considérables pour se débarrasser d'adversaires si dangereux. *Pour qu'il ne puisse y avoir de doute sur ce que la loi entend par droits litigieux, le projet déclare que la chose est censée litigieuse dès qu'il y a procès et contestations sur le fond.* » (Locré, XIV, p. 105, n° 15).

Il n'est pas possible de dire en des termes plus clairs ce que l'on entend par droits litigieux ; et ces paroles étaient si bien l'expression de la pensée de tous, qu'elles n'ont soulevé, à notre connaissance tout au moins, aucune protestation.

Cependant nos adversaires veulent nous combattre avec nos propres armes ; aux déclarations du tribun Faure, ils nous opposent les déclarations, suivant eux opposées, de M. Portalis : «Les ordonnances ont toujours prohibé aux juges, à tous ceux qui exercent quelques fonctions de justice ou quelque ministère près les tribunaux, de se rendre cessionnaires de droits et actions litigieux qui *sont ou peuvent* être portés devant le tribunal dans le ressort duquel ils exercent leurs fonctions, à peine de nullité, dépens, dommages et intérêts. Cette disposition est rappelée par le projet de loi ; elle est la sauvegarde des justiciables. » (Locré, XIV, p. 150, n° 17.)

Nous avouons que ces paroles nous touchent peu, alors surtout qu'on les fait servir à annihiler le passage si net et si précis que nous avons emprunté au rapport du tribun Faure.

Que disent-elles en effet ? Qu'on a reproduit le système des ordonnances, en ce que les juges sont incapables d'être cessionnaires des droits légitimes qui *sont ou peuvent* être portés devant le tribunal, dans le ressort duquel ils exercent.

Mais ceci est parfaitement exact dans notre système, et un exemple suffira à nous faire comprendre : supposons qu'un procès se soulève devant le tribunal de Versailles ; un conseiller à la Cour d'appel de Paris pourra-t-il en devenir cessionnaire sous le prétexte qu'il n'exerce pas dans le ressort du tribunal à Versailles ? Non, parce que la contestation pourra être portée plus tard devant le tribunal supérieur, auquel il appartient.

Même en admettant que nous donnions une version inexacte des paroles de Portalis, il n'en reste pas moins acquis que les termes du passage dont on se prévaut contre nous sont ambigus et suffisamment vagues pour nous autoriser à n'en tenir aucun compte.

Enfin on nous objecte le texte même de l'art. 1597 qui dit : « ... ne peuvent devenir cessionnaires des procès, droits et actions litigieux. » Ces der-

niers mots en effet semblent indiquer que le législateur a donné aux droits litigieux une extension qu'ils n'ont pas dans l'art. 1700, puisqu'il a
pris soin de les distinguer des « procès. » On aurait tort toutefois d'accorder à cette expression
une importance exagérée. Elle a été copiée servilement dans l'art. 54 de l'ordonnance de 1560, sans
prendre garde qu'en passant dans notre droit, elle
n'était plus exacte : « Défendons à tous nos juges
et nos avocats d'accepter aucun transport ou cession de procès, droits et actions litigieux... » (Re-
cueil d'Isambert, t. XIV, p. 78, a. 54.)

En résumé, nous rattachons l'article 1597 à
l'art. 1700, et nous disons que ne sont litigieux,
dans l'une comme dans l'autre de ces dispositions,
que les droits qui font l'objet d'une contestation
sur le fond (Rouen, 27 juillet 1808; Sir., 1808-2-420.
Contra Delvincourt, III, p. 171 ; Troplong, *Vente*,
I, n° 200, p. 276; Aubry et Rau, t. IV, § 354 *quater*,
p. 453 ; Colmet de Santerre, t. VII, n° 24 *bis*,
1, p. 44; Lyon, 10 juillet 1839 ; Sir. 40-2-104,
cass., 27 novembre 1866; Sir., 67. 1-196).

Revenons aux incapacités créées par l'art. 1597 :

Les conseillers à la Cour de cassation sont incapables d'être cessionnaires des procès soumis à
l'appréciation de tout tribunal en France ou dans
les colonies, ressortissant de la Cour suprême
(Aubry et Rau, p. 452, t. IV).

Pareillement sont incapables les magistrats ou
avocats d'une Cour d'appel, si les droits dont ils

veulent se rendre cessionnaires, sont débattus devant un tribunal du ressort de la Cour à laquelle ils appartiennent, encore qu'à raison de la valeur du litige, l'appel ne soit pas possible.

On a prétendu le contraire; mais les termes mêmes de l'art. 1597 justifient notre manière de voir. Il n'y a en effet aucune distinction entre les cas où l'appel est ou non possible ; si comme nous l'avons vu plus haut dans un passage de M. Portalis, la loi ne permet pas à un magistrat d'être cessionnaire des droits qui sont ou peuvent être portés devant le tribunal dans le ressort duquel ce magistrat exerce, ce n'est pas une règle inflexible, mais une solution sur le *plerumque fit* qu'elle a voulu donner.

Du reste, on comprend quelle influence aurait, pour ses intérêts, un juge d'appel dont l'autorité est peut-être immense dans le tribunal devant lequel il plaiderait. Et même, sans qu'on ait à se défier de l'impartialité des magistrats du tribunal inférieur, naturellement portés à ne pas être désagréables à l'endroit d'un supérieur, d'un protecteur peut-être, les faiblesses et les passions des hommes sont trop générales, pour que le législateur n'ait pas cherché à éviter, dans la mesure du possible, les occasions où chez le juge, peuvent se trouver en conflit l'intérêt et le devoir.

§ 2.

Limites apportées aux incapacités de l'art. 1597.

La qualité de magistrat n'est pas une cause d'incapacité absolue, au point de vue de la cession des droits litigieux, quand cette qualité ne fait pas douter de la bonne administration de la justice. Les influences exercées par un juge, par un avocat sont locales; elles ne dépassent guère le ressort du tribunal auquel ces personnes sont attachées et par conséquent il eût été trop rigoureux de les mettre, sans raison, complétement en dehors du droit commun.

Ainsi pas de difficulté, quand un magistrat, par exemple, appartenant au ressort de la Cour de Paris devient cessionnaire d'un droit litigieux, qui se débat dans le ressort de la Cour de Lyon.

Mais là où la question est plus délicate, c'est lorsque le juge d'un tribunal d'arrondissement se fait céder des droits, contestés quant au fond, devant un autre tribunal ressortissant de la même Cour. Nous croyons que, dans l'espèce, l'art. 1597 n'est pas applicable; ce qui nous confirme dans cette opinion, c'est le rejet de la proposition du Tribunat ainsi conçue: « La section propose encore une nouvelle extension à la prohibition établie par l'art. 1597, en disant (après le mot notaires) qui sont de la compétence du tribunal d'*appel*, dans le ressort duquel ils exercent leurs fonctions. » (Locré, XIV, p. 127, nᵒ 10). Il nous semble que la suppression du mot « d'appel » montre bien la pensée du législateur (Troplong, 1, 199, p. 274). Cependant, dans un arrêt du 11 prairial an XIII, la Cour d'Amiens (Sir., 1809, 2-58) a suivi le système opposé ; mais comme elle s'est contentée d'affirmer que l'art. 1597 est applicable, dans l'espèce, sans ajouter les motifs qui lui ont fait admettre cette opinion, nous ne croyons pas devoir nous arrêter à la discuter.

Quelques auteurs ont encore soulevé une difficulté, sur laquelle nous devons dire quelque mots. On peut la formuler ainsi : L'art. 1701, limitant les effets du retrait litigieux, doit-il restreindre également les incapacités, déduites de l'art. 1597 ? Nous verrons en effet plus loin, en nous occupant du retrait litigieux, que le cédé ne peut se prévaloir de la faculté du retrait contre le cessionnaire, quand le transport a juste cause. Or, si les personnes énumérées dans l'art. 1597 ont de justes motifs pour se faire céder des droits litigieux, leur incapacité disparaît-elle, par l'extension à leur égard du bénéfice de l'art. 1701 ?

La question ne serait pas douteuse dans le sens de la négative si nous n'avions pour nous guider que l'examen des textes.

Comme l'art. 1701, en effet, se réfère à l'article 1699 et non à l'art. 1597, nous n'aurions, en ne tenant compte que du texte, qu'à faire l'application du principe bien connu : les exceptions sont de droit étroit et doivent se limiter au cas pour lequel elles ont été créées.

De plus, les motifs qui ont inspiré les exceptions de l'art. 1700, en faveur des cessionnaires ordinaires, menacées du retrait litigieux, n'existent plus, quand les cessionnaires sont des magistrats, des notaires, etc... Les influences de la position de ces derniers sont à craindre dans tous les cas, quelle que soit l'honnêteté du but poursuivi par eux dans la cession des droits litigieux qui leur est consentie.

Cependant, est-ce bien là l'expression de la pensée du législateur? M. Grenier, dans son discours au Corps législatif, dit formellement le contraire, et nous ne pensons pas que, dans une question semblable, on puisse négliger des paroles aussi précises : « Mais en même temps le projet de loi, art. 120 (1701, Code) règle avec une exactitude propre à prévenir toutes les difficultés, les cas où il doit y avoir exception à cette règle, qui sont au nombre de trois. Vous penserez sans doute qu'il était superflu de rappeler que dans les mêmes cas, il n'y a plus lieu à la prohibition d'acquérir, prononcée contre certaines personnes par l'art. 16 (1597), parce qu'on ne peut pas dire que l'acquéreur soit un cessionnaire de droits litigieux dans le sens de la loi. » (Locré, XIV, p. 255 et 256, n° 38.) Nous ne connaissons pas d'interprètes qui se soient prononcés dans ce dernier sens; nous faisons donc ici encore, avec beaucoup d'hésitation, acte d'indépendance, en nous ralliant à la thèse soutenue par M. Grenier. En effet, après des paroles comme celles-ci qui n'ont pas rencontré d'adversaires, et qui, par conséquent, ont été consacrées par une approbation tacite, peut-on soutenir que les exceptions de l'art. 1701 n'ont pas été faites pour l'art. 1597? Mais, comme le dit M. Grenier, dans les cas où le cessionnaire a pour justifier le transport, des raisons graves, ce n'est plus une cession de droits litigieux; c'est une cession ordinaire.

L'art. 1701, dans la pensée de ses rédacteurs, a donc été fait, moins pour créer des exceptions à la théorie rigoureuse des droits litigieux, que pour faire rentrer dans le droit commun des cessions de créances, les transports qu'il a prévus. Or, un magistrat peut se faire céder des créances ordinaires.

Quant aux conséquences graves qui, pratiquement parlant, découlent de notre système, nous ne les nions pas; nous aimerions mieux sans contredit que l'opinion de nos adversaires eût été adoptée par la loi, mais nous pensons que notre rôle doit se borner à interpréter et non à faire prévaloir nos préférences personnelles (*contrà*, Duranton, t. XVI, n° 142, p. 172; — Aubry et Rau, t. IV, p. 454; — Nîmes, 25 mai 1840; Sir., 402-539; — Rouen, 1er juillet 1852; Sir., 54, 2-348).

Donc, pour nous, les incapacités des personnes énumérées dans l'art. 1597, sont limitées à un double point de vue :

1° Les juges, etc., sont capables d'être cessionnaires de droits litigieux quand ces droits sont contestés devant un tribunal dans le ressort duquel ils n'administrent pas la justice. Toutefois, il en serait autrement si le tribunal saisi était dans le ressort du tribunal supérieur, auquel ils appartiennent.

2° Les juges, etc... peuvent être cessionnaires de droits litigieux, même au cas où la contestation est portée devant un tribunal, dans le ressort duquel ils exercent leurs fonctions, pourvu que le transport ait une des justes causes, prévues par l'art. 1701.

Telles sont les règles spéciales que nous avions à examiner sur la cession des droits litigieux. Dans les chapitres III et IV nous entrerons dans d'autres développements que le plan de notre sujet ne nous permet pas d'aborder ici.

CHAPITRE III

CONSÉQUENCES DE LA VIOLATION DE CES RÈGLES

Quand toutes les règles que nous avons écrites ont été strictement observées pour le transport des créances litigieuses et non litigieuses, le cessionnaire prend la place du cédant ; il y a substitution d'une personne à une autre personne, mais la créance n'est point modifiée. Le débiteur est *en droit*, dans une position identique à celle qu'il avait antérieurement au transport ; *en fait*, la présence d'un nouveau créancier change bien souvent l'état des choses, mais au point de vue seulement de la tolérance et de la bienveillance des rapports avec le débiteur. Nous verrons toutefois, dans le chapitre IV, que le cessionnaire a quelquefois des droits moins étendus que le cédant.

Qu'arrive-t-il quand les conditions requises n'ont pas été remplies ou dans le cas d'un accomplissement tardif ? Pour répondre à cette question, nous suivrons la division que nous avons faite dans le chapitre Ier, en examinant, dans deux sections différentes, la sanction des règles de fond et la sanction des règles de formes.

SECTION PREMIÈRE

La sanction des règles de fond est relative à trois points :

1° *A l'intransmissibilité de la créance, soit à raison de son inexistence proprement dite, soit parce que le cédant n'en était pas propriétaire.* Ici, le cessionnaire qui n'a pas voulu courir les risques d'un contrat aléatoire et qui est dépouillé du profit qu'il avait légitimement espéré, agit contre le cédant par l'action en garantie, sauf le cas où les parties ont fait une cession à titre gratuit.

Même il y a lieu à garantie dans l'hypothèse de l'existence de la créance si le cédant, au moment du transport, a répondu de la solvabilité du débiteur.

Nous aurons donc à étudier deux sortes de garanties : la garantie qu'on appelle, dans l'usage, la garantie de droit, parce qu'elle résulte de la loi, sans qu'une convention spéciale soit nécessaire, et la garantie dite de fait, parce qu'elle doit résulter d'une stipulation spéciale.

Nous avons réservé le cas où les parties ont fait un contrat aléatoire ; le cessionnaire, en effet, ne peut pas se plaindre de l'inexistence de la créance, ayant accepté de courir le danger qui le frappe. En conséquence, il faut dire que le cessionnaire de droits litigieux, quand il perd son procès, n'a pas, contre le cédant, de recours en garantie.

2° *A la nullité de la cession pour cause d'incapacité des parties.* Si le cédant est incapable de transmettre, il est en droit de demander la nullité du transport ; on fait ici l'application des principes généraux. Par exemple, si son incapacité a sa cause dans l'art. 1124, il reprend sa créance pourvu que la prescription ne soit pas acquise contre lui, et ne rembourse que le prix dont il a profité.

Si le cessionnaire est incapable de recevoir, de deux choses l'une : ou l'incapacité est en sa faveur, et alors, s'il est encore dans les délais pour agir, il demande valablement la nullité de la cession ; ou l'incapacité est édictée contre lui, et alors il faut, pour en déterminer les effets, rechercher les causes d'où elle procède. Ainsi, lorsqu'elle résulte des principes écrits en matière de donations, on applique les règles ordinaires. Quand elle dérive des art. 1595, 1596 et 1597, en matière de transports à titre onéreux, il y a des règles que nous examinerons plus loin.

3° *A l'intransmissibilité de la créance pour cause du défaut de consentement des parties.* Quand les parties n'ont pas pu s'entendre sur la créance à céder et sur le prix à payer, soit parce que leurs conditions réciproques ne leur plaisaient pas, soit parce que l'état d'esprit de toutes deux ou de l'une d'elles ne leur permettait pas de donner un consentement valable, il n'y a rien de fait. Par

conséquent, celui qui voulait devenir cessionnaire
n'a rien à demander au cédant, puisque ce dernier
n'a contracté envers lui aucune obligation. Si le
consentement de l'une des parties est vicié par
l'erreur, la violence ou le dol, il y a ouverture à
une action en nullité ; mais remarquons que ces
vices n'empêchent pas la créance de passer ici dans
le patrimoine du cessionnaire.

§ 1er.

*Des suites de l'intransmissibilité d'une créance,
soit à raison de son inexistence, soit parce que le
cédant n'en était pas propriétaire.*

Si la créance est litigieuse, c'est une perte sans
compensation pour le cessionnaire. Si la créance
n'est pas litigieuse, le cessionnaire, trompé dans
ses légitimes espérances, a une action en garantie
contre son auteur ; c'est l'application à la matière
des transports des principes consacrés, en matière
de vente, dans les art. 1625 et suiv. Toutefois,
comme la garantie, au cas de cession, diffère de la
garantie au cas de vente, nous allons en étudier
les règles. Nous nous occuperons d'abord de la garantie légale et nous montrerons ensuite comment ses principes peuvent être modifiés par la
garantie conventionnelle.

De la garantie légale. — Le principe se trouve
dans l'art. 1693 : « Celui qui vend une créance ou
un autre droit incorporel, doit en garantir l'exis-

tence au temps du transport, quoiqu'il soit fait
sans garantie. » Une créance n'existe pas, soit
quand elle n'a jamais existé, soit lorsqu'elle est
éteinte au moment du transport.

Ainsi, il y a lieu à garantie, quand la créance,
à l'époque de la cession, avait été acquittée, prescrite ou compensée (Cass., 6 octobre 1807, Sir., 7,
1, 540.) Il faut dire de même que l'expression
d'inexistence de transport comprend encore le
cas où le cédant n'est pas propriétaire, car la
créance n'existe pas dans le patrimoine du cessionnaire, le cédant n'ayant pu en disposer.

Que si la créance entachée d'un vice, au moment du transport, est ensuite frappée de nullité,
elle n'existe pas non plus, car son existence est
rétroactivement effacée. (Cass., 19 février 1861,
Sir., 62, 1, 504.) Remarquons que le titre de la
créance peut exister, bien que la créance soit
éteinte ; par conséquent le fait pour le cédant
d'avoir remis le titre au cessionnaire, ne le libère
pas à l'endroit de ce dernier de l'obligation de
garantie (Troplong, t. II, p. 433, n° 932).

La garantie s'applique, non-seulement à la
créance, mais encore aux accessoires, aux hypothèques, qui ont été indiqués, comme y étant
attachés. Cette proposition semble être une exagération du texte de l'art. 1693, et cependant il faut
l'admettre sans hésitation.

En effet l'art. 1692 dit que la cession d'une
créance comprend tous ses accessoires, tels que

caution, privilége et hypothèque. L'art. 1693, qui
fait suite en parlant de la garantie. ne s'applique-
t-il donc qu'au droit lui-même, abstraction faite
de ses sûretés? Nous ne le pensons pas, puisque
ces dernières constituent précisément un des éléments de la créance; l'éviction des accessoires
équivaut donc à l'éviction de la créance, à laquelle
ils sont attachés.

De plus ce résultat est parfaitement équitable,
comme le fait remarquer, dans la *Revue critique*
(1857, t. IV, p. 402) M. l'avocat-général Merville :
« Après tout, cela n'est-il pas d'une parfaite justice? Lorsqu'on achète une créance hypothécaire
ou privilégiée, le plus souvent ne l'achète-t-on
pas justement à raison de cette qualité dont elle
est pourvue? Le prix n'est-il pas proportionné
à l'opinion que l'on a de la sûreté des recouvre-
ments? Être trompé sur l'existence du gage, qui
bien souvent est le fondement de cette sûreté,
n'est-ce pas l'être, dans une mesure quelconque,
sur la cause même de l'obligation qu'on a prise?

« S'il s'agissait d'une vente de choses corporelles,
la garantie due par le vendeur aurait, on le sait,
un double objet (art. 1625) : il ne le doit pas seulement en cas d'éviction, mais aussi en cas de vices
cachés, paralysant l'usage de la chose ou le dimi-
nuant tellement que l'acheteur mieux instruit, ne
l'eût pas achetée ou n'en eût donné qu'un moindre prix (art. 1641). Pourquoi ces deux ordres
d'idées ne se reproduiraient-ils pas, à l'égard des

choses incorporelles? Si la créance vendue n'existe pas, cela correspond à l'éviction; existe-t-elle, mais sans les sûretés promises, cela constitue un vice caché de la chose, qui en empêche ou en altère profondément l'usage, et doit donner ouverture à l'espèce de garantie prévue par les art. 1641 et suiv. » (Dans ce sens : M. Troplong, *loc. cit.*, p. 434, n° 933; — Duvergier, *Vente*, n° 252; Aubry et Rau, *loc. cit.*, p. 442, § 359; — Orléans, 23 juillet 1857; Sir., 60, 2, 750; — Cass., 10 juillet 1839; — Sir., 39, 1, 556; — Cass., 7 juillet 1851; Sir., 51, 1, 471.)

Dans tous les cas, pour que la garantie soit exigée, la cause de l'inexistence de la créance doit être antérieure au transport, ou résulter d'un fait du cédant. Ainsi, nous verrons que le débiteur invoque valablement une cause de compensation, ayant pris naissance dans ses rapports avec le cédant, ou un paiement à lui fait postérieurement au transport, mais antérieurement à la signification ; or, le cessionnaire a le droit de se faire garantir par son auteur contre de telles éventualités.

Il est nécessaire de bien définir ce qu'on entend par cause antérieure, car sur cette définition des difficultés se soulèvent : la cause antérieure est celle qui, au moment de la cession, a complétement détruit la créance ou l'a vouée à une perte ultérieure, mais irrémédiable. Par exemple, la veille du transport, le débiteur s'est libéré entre les mains du cédant, ou bien la créance n'a jamais existé, ou enfin la créance était annulable et la nullité a été prononcée.

On comprend alors que le cédant doive supporter la responsabilité du préjudice qu'il cause au cessionnaire en lui promettant un profit qu'il est incapable de lui donner.

Mais il ne suffirait pas, pour la garantie, que le principe de l'inexistence du droit fût antérieur à la cession si, à ce moment, la créance existait encore et que sa destruction ait pu être empêchée par le cessionnaire. C'est ce qui arrivera notamment au cas où la créance, après la cession, est éteinte par la prescription ; on ne considère pas l'époque à laquelle la prescription commence, mais l'époque à laquelle elle finit. Car, tant qu'elle n'est pas achevée, il n'y a pas de droit acquis au profit du débiteur ; donc, si le cessionnaire avait été diligent, s'il avait compris ses véritables intérêts, il eût pu en interrompre le cours.

Le cédant, il est vrai, lui a transmis une créance menacée, mais qu'importe ! le danger n'était point fatal ; il pouvait être facilement écarté et le cédant a dû compter qu'il en serait ainsi. Le cessionnaire éprouvera, par conséquent, un préjudice dont lui seul sera responsable (Bourges, 4 février 1823; Sir., 23, 2, 303).

Cette solution n'est pas admise par tout le monde : un arrêt, à la date du 4 février 1831, rendu par la Cour de Bordeaux, suit un système opposé ; les termes de la question n'étaient pas absolument identiques ; il s'agissait en effet, dans l'espèce, de la garantie demandée pour un immeuble qu'un tiers, au moment de la vente, était en voie de prescrire et que l'acheteur n'avait pas dépossédé.

Mais quel que soit l'objet auquel s'appliquait la prescription, le principe n'en a pas moins été posé, à tort, suivant nous : « Attendu que c'est vainement que cette veuve (le vendeur) excipe que la prescription trentenaire au moyen de laquelle le sieur Audoy a été déclaré propriétaire exclusif de la haie, ne lui était pas acquise, lors du contrat de 1812 ; que 24 ans de possession du sieur Audoy s'étaient seulement écoulés ; qu'il s'en fallait de six ans que le temps nécessaire pour prescrire fût expiré, et que le sieur J. B. de Morin (acheteur) a à s'imputer de n'avoir pas fait des actes de possession pendant ces six années à l'effet d'interrompre la prescription ; — Que pour renverser cette objection, il suffit de rappeler les principes du droit, suivant lesquels tout vendeur est tenu des évictions dont il y avait une cause, ou du moins un germe, suivant l'expression de Pothier, existant dès le temps du contrat de vente, soit qu'elles procèdent, soit qu'elles ne procèdent pas du fait du vendeur... » (Sir., 31-2, p. 139).

L'erreur de la Cour est de laisser croire que le commencement de la prescription avant le transport est une cause antérieure de l'anéantissement de la créance, lorsqu'au contraire, la prescription commencée n'est qu'une espérance vague d'acqui-

sition, au profit du possesseur, sans lui constituer aucun droit.

Quant au passage de Pothier, auquel on fait allusion, il suffit de le lire pour voir que le « germe »
dont il parle, est un vice de l'objet vendu, qui a
condamné invinciblement l'acquéreur à la perte
qu'il subit et dont il demande, à bon droit, réparation par l'action en garantie. (Pothier, *Vente*,
p. 50, n° 86, art. II).

C'est du reste ce qui nous paraît le plus conforme
à l'action en garantie, qui a pour but d'empêcher
l'acheteur, non coupable de négligence, d'être
frustré des espérances légitimes qu'il avait fon-
dées sur son acquisition.

Cependant, notre doctrine ne doit pas être pous-
sée jusqu'à l'exagération : ce qu'il faut rechercher,
c'est à qui, du cédant ou du cessionnaire, incombe
la faute de n'avoir pas interrompu la prescription.
Supposons, par exemple, que la prescription ait
été achevée postérieurement au transport, mais
que le cessionnaire n'ait pas eu le temps moral
nécessaire pour en interrompre le cours; dans ce
cas, nous croyons que le cédant sera soumis à
l'action en garantie. En thèse rigoureuse, et d'a-
près les principes que nous avons posés, il semble
que ce tempérament soit illogique, mais il a pour
fondement et pour justification, la saine interprétation de l'esprit de la loi.

Quand la cause d'inexistence de la créance est
antérieure au transport, un recours en garantie

appartient au cessionnaire, sans autres conditions. Il n'est pas nécessaire que ce dernier suc-
combe dans une instance judiciaire, où le droit,
qu'il tenait du transport, était l'objet d'une contestation. Il lui suffit de démontrer que la créance
cédée n'avait qu'une existence apparente. (Bruxelles, 18 octobre 1822; Dalloz, *Vente*, n° 1867,
p. 466.)

Mais faut-il aller plus loin et dire que le cessionnaire qui a de justes motifs de craindre l'inexistence du droit, sans pouvoir en faire la preuve,
est en droit de suspendre le paiement du prix, en
vertu de l'art. 1653? Nous le croyons, car c'est
une mesure fort raisonnable, édictée en faveur des
acheteurs ; or, on ne voit pas pourquoi on ferait
une exception, dans le cas où l'acheteur est cessionnaire d'une créance (M. Colmet de Santerre,
t. VII, n° 139 *bis*, II, p. 198).

La garantie, une fois due, quelles en seront les
conséquences? Supposons pour fixer les idées,
que le cessionnaire Paul soit évincé d'une créance
de 100.000 fr. qu'il a payé 90.000 fr. Que demandera-t-il à Pierre son garant? Demandera-t-il les
100.000 fr. sur lesquels il était en droit de compter ou les 90.000 fr. qu'il a déboursés?

Les principes ordinaires en matière d'indemnité, due par le garant, comprennent deux choses : la restitution du prix et la compensation du
gain, que l'éviction a empêché de réaliser. Ainsi
le vendeur d'un bien corporel est tenu de rembour-

ser à l'acquéreur la valeur de la chose, au moment de la dépossession, encore que cette valeur soit supérieure au prix d'acquisition.

Les choses sont différentes, quand la garantie a pour objet des choses incorporelles. Toutefois le législateur n'a pas consacré cette idée d'une façon formelle dans l'art. 1693, mais elle résulte forcément de l'art. 1694 qui nous dit : « Il (le cédant) ne répond de la solvabilité du débiteur que lorsqu'il s'y est engagé, et jusqu'à concurrence du prix qu'il a retiré de la créance. »

Ces deux articles sont communs et on ne pourrait, ce nous semble, les séparer sans nuire à l'harmonie des règles, en matière de garantie.

Qu'a voulu en effet le législateur ? restreindre autant que possible, les transports qui sont souvent des moyens funestes de spéculation, mis à la disposition de gens malhonnêtes, à l'affût des créances véreuses, achetées à bas prix. En second lieu, on a voulu arrêter les conventions usuraires, par lesquelles le cessionnaire d'une fausse créance, achetée à des prix dérisoires, recourrait en garantie contre le cédant, pour la somme portée dans le titre.

M. Colmet de Santerre (loc. cit., 139 bis, IV, p. 199), après avoir signalé ce dernier motif, nous semble cependant repousser la connexité que nous voulons établir entre les deux art. 1693 et 1694. Ses raisons, si nous les avons bien comprises, seraient que le danger de l'usure n'est pas aussi certain dans le cas de l'art. 1693 que dans l'hypothèse de l'art. 1694 : « Or cette certitude est loin d'exister dans le cas de l'art. 1693, car la solvabilité du débiteur n'est pas garantie; le débiteur court donc la chance d'acheter une créance sur un débiteur déjà insolvable ou qui deviendra insolvable plus tard ; il n'aura pas de recours dans ces cas-là, et il perdra son prix.

« L'hypothèse où nous discutons sur l'étendue de son recours est celle où la dette n'existe pas. Le prétendu débiteur est peut-être solvable ; alors la perte éprouvée par le cessionnaire égale le montant intégral de la créance, et il est juste qu'il soit indemnisé de cette perte. »

Nous avons longuement médité ces paroles, sans qu'elles aient pu nous convaincre ; nous commençons en effet, par révoquer en doute le point qui sert de départ à l'argumentation de notre savant maître. Est-il vrai que le cédant d'une créance qui n'existe pas puisse se soustraire à l'action en garantie, intentée par le cessionnaire, en opposant le fait de l'insolvabilité du prétendu débiteur ? M. Colmet de Santerre l'affirme ; nous croyons qu'il se trompe. L'art. 1694 qui dispense le cédant de garantir l'insolvabilité du débiteur, suppose l'existence de la créance cédée, puisque dans l'espèce le recours du cessionnaire n'a pas pour fondement la non-existence du droit, mais ce fait que le débiteur n'a pas pu payer. Par conséquent, dans notre pensée, pour que l'exception d'insolvabilité du débiteur, puisse être valablement opposée par le cédant, à l'effet de repousser l'action en garantie, il faut supposer que la créance existe.

Que si le cédant fait le transport d'une créance qui n'existe pas, sur quoi se fonderait-on pour soulever en sa faveur l'exception d'insolvabilité ? Sur l'art. 1693 ? Mais il ne fait aucune distinction de cette nature ; il pose une règle exclusive, à savoir que le cessionnaire d'une créance qui n'existe pas, a droit à la garantie. Sur l'art. 1694 ? Mais le cas n'est plus le même, puisque dans l'espèce, la créance à toute sa valeur juridique, et qu'un accident de fait seul empêche le cessionnaire d'être désintéressé par le débiteur lui-même.

Du reste, allons plus loin ; quand la créance n'existe pas, où y a-t-il un débiteur ? Il n'y en a pas ; on est obligé alors de parler d'un prétendu débiteur. Et d'ailleurs, comment constatera-t-on son insolvabilité ? La chose n'est pas possible, car il faudrait discuter ses biens, et le cessionnaire n'a pas, nous le supposons, de droit contre lui.

Dans tous les cas, le système contraire donnerait souvent lieu à des recherches, à des investigations injurieuses qui ne seraient pas sans danger pour les affaires du prétendu débiteur.

Donc, nous arrivons à cette solution, que le recours du cessionnaire contre le cédant, quand la

créance n'existe pas, est toujours possible, sans
qu'il y ait lieu de distinguer si la personne du
prétendu débiteur est solvable ou ne l'est pas.

Et, s'il en est ainsi, comment dire que le danger
d'usure n'est pas aussi certain, au cas de vente
d'une créance inexistante, qu'au cas où la solvabilité du débiteur est garantie par le cédant ? Dans
l'une et l'autre hypothèse, le recours en garantie
aboutit certainement; si donc, on admettait le
cessionnaire dans l'espèce où la créance n'existe
pas, à demander plus qu'il n'a payé, cette demande
cacherait souvent des conventions usuraires.

Enfin nous terminerons ces observations, par
une simple remarque : avec le système de nos
adversaires, qu'arrivera-t-il, dans le cas où le
cessionnaire d'une créance inexistante, a stipulé
du cédant la garantie de l'insolvabilité du prétendu débiteur ? Si cette insolvabilité est constante,
quelle application, au point de vue de l'étendue du
recours en garantie, devra-t-on faire de la loi ?
Appliquera-t-on l'art. 1693 ou l'art. 1694 ? Le cessionnaire dira : Ma créance n'existait pas, don-
nez-moi sa valeur intégrale. Le cédant répondra :
En cas d'insolvabilité du débiteur, je ne vous dois
que le prix déboursé.

On voit à quelles difficultés entraine la solution que nous venons de combattre. Aussi con-
cluons-nous, sans hésiter, par ces mots qui résument notre pensée : l'action en garantie, dans les
cessions de créances, ne permet, en aucun cas, au

cessionnaire de réclamer au cédant plus qu'il n'a payé, car le législateur a voulu tout à la fois et diminuer le nombre des spéculateurs malhonnêtes, en enlevant au cessionnaire l'espérance d'un profit, et empêcher les conventions qui seraient des moyens indirects d'usure.

Mais le cessionnaire est en droit d'exiger du cédant tout ce qu'il a déboursé. Conséquemment, le cédant devra :

1° Le remboursement des frais et loyaux coûts de l'acte de cession.

2° Des dommages-intérêts pour réparation du préjudice causé.

3° Le remboursement et des frais de poursuites contre le cédé et des frais occasionnés par l'action en garantie.

4° Les intérêts du prix de cession (Cass., 29 juillet 1858 ; Sir., 60-1-750).

Jusqu'ici nous nous sommes occupés exclusivement du cas où le cessionnaire subit une éviction totale ; or quelles sont les suites d'une éviction partielle ? Il semble que l'hypothèse ne soit pas possible, quand on n'a pas stipulé la garantie de l'insolvabilité du débiteur.

Mais c'est une erreur ; la créance peut, au moment du transport, être éteinte en partie seulement par l'effet d'un payement partiel, ou d'une compensation non intégrale. Exemple : Paul, débiteur de Pierre pour 1,000 francs, devient son créancier jusqu'à concurrence de 400 francs ; sa dette, par suite de la compensation, est réduite à 600 francs ; dès lors, si Pierre fait à Jean cession de sa créance, sans parler de la compensation qui en a diminué la valeur, quelle est, pour le cessionnaire Jean, l'étendue de son droit à la garantie? Il a deux partis à prendre : ou bien demander la résolution du contrat et forcer le cédant à lui payer une indemnité réparatrice du préjudice causé ; ou bien conserver ses droits et demander au cédant des dommages-intérêts pour la valeur de la créance dont il a été frustré.

Nous savons que la garantie légale n'est pas due, quand le contrat de cession a un caractère aléatoire, comme cela arrive dans le transport de droits litigieux. Or, la stipulation de non-garantie suffit-elle, en l'absence de toute autre circonstance, pour donner à la cession le caractère aléatoire, et par conséquent pour soustraire le cédant à toute action postérieure, même à l'action en restitution du prix? Les auteurs ont décidé, suivant nous, d'une façon trop absolue, dans le sens de la négative. Nous préférons distinguer : la volonté des parties doit être interprétée tout d'abord, et si par la clause de non-garantie, les contractants ont entendu dispenser le cédant de tout recours, les tribunaux devront décider ainsi.

Que si la volonté des parties est douteuse, il faut dire alors que la clause de non-garantie ne dispense pas le cédant de l'obligation de restituer le prix. Le seul effet de la convention est donc de diminuer l'étendue du recours en enlevant au cessionnaire le droit de demander le remboursement des frais et loyaux coûts du contrat, etc...

Cette solution se justifie fort bien, car, pour réclamer au cédant le prix d'acquisition, le cessionnaire évincé n'agit pas en vertu de l'action en garantie, mais de la *condictio sine causa* (M. Colmet de Santerre, *loc. cit.*, p. 198, n° 139 *bis*, IV, Duvergier, *Vente*, t. II, n° 268, cass., 9 mars 1837, Sir., 37, 1, 309, 5 juin 1837, Sir., 37, 1, 765, 4 août 1864, Sir., 64, 1, 401, 16 juillet 1851, Dal., 51, 2, 297).

La garantie, telle que nous venons de l'étudier, et qui suppose l'inobservation de certaines règles prescrites dans notre chapitre Ier n'est pas limitée, dans son application, à ces cas seulement ; elle est susceptible d'exister encore, en vertu d'une convention, même quand la créance existe et que le cédant en est bien propriétaire.

Il se peut, en effet, que le propriétaire de la créance cédée ait garanti par une convention spéciale, au moment du transport, la solvabilité du débiteur ; le cessionnaire alors, au cas de l'insolvabilité de ce dernier, a un recours contre lui.

Pour être logiques, nous ne devrions pas traiter cette garantie conventionnelle dans le chapitre III, dont l'objet exclusif est l'examen des conséquences qui dérivent de la violation des règles du transport. Toutefois, pour ne pas diviser nos explications sur le recours du cessionnaire contre le cé-

dant, nous croyons qu'il est préférable d'en parler
à cette place.

Garantie conventionnelle. — L'hypothèse prévue par l'art. 1694 et dont nous avons dit un mot
déjà d'une façon incidente est bien simple : Pierre
cède à Paul une créance qu'il a sur Jean ; nous
supposons d'ailleurs que les règles de fond et de
forme ont été observées et que, par conséquent,
en vertu de l'art. 1693, Pierre ne soit soumis à
aucun recours de la part du cessionnaire Paul.
Cependant il est possible que Jean, à raison de
son insolvabilité, ne puisse payer sa dette au nouveau créancier ; celui-ci perdra donc et son prix de
cession et le profit qu'il avait espéré du transport.

Ce résultat si dur peut être atténué par une convention spéciale, en vertu de laquelle le cédant
s'engage, au cas d'insolvabilité du débiteur, à désintéresser le cessionnaire Paul, tout au moins
dans la limite de ses déboursés.

Quand la convention requise par la loi pour la
garantie de la solvabilité du débiteur est nettement conçue, il n'y a pas de difficulté, en droit,
le principe posé par l'art. 1694 ne faisant aucun
doute. Il n'y aura donc que des difficultés de fait
venant de la mauvaise rédaction du contrat et que
les juges auront à trancher en s'inspirant et de la
commune intention des parties et de toutes choses
propres à éclairer leur religion.

Le danger, toutefois, résultant des contrats au
sens douteux, est diminué bien souvent dans la

pratique par l'emploi de certaines formules sur la signification desquelles on est à peu près d'accord. Nous disons « à peu près, » car nous allons voir que les auteurs sont divisés sur le sens de la clause pure et simple de garantie.

MM. Aubry et Rau sont d'avis que cette clause n'ajoute rien à l'obligation ordinaire de garantie, à moins que des circonstances particulières ne démontrent, chez les parties, l'intention de mettre à la charge du cédant la responsabilité de l'insolvabilité du débiteur (T. IV, § 359 *bis*, p. 443). Nous croyons, quant à nous, devoir retourner la proposition et dire que la clause pure et simple de garantie rend le cédant responsable de l'insolvabilité du cédé, à moins que des circonstances particulières ne démontrent, chez les parties, l'intention de ne rien vouloir ajouter à l'art. 1653.

Pour que ces deux systèmes ne se rencontrent pas, il faut donc supposer que l'intention des parties reste dans l'ombre, que rien ne la met en lumière. Or, dans cette occurrence, pourquoi ne pas attribuer à la clause pure et simple de garantie l'effet que nous voulons lui attacher ? Parce que, disent nos adversaires, quand une convention est douteuse, il faut l'interpréter dans le sens le plus favorable au débiteur (a. 1162).

Mais cette règle d'interprétation n'a pas sa raison d'être lorsqu'elle aboutit à ne faire produire au contrat aucun effet (A. 1157). Or, n'est-ce pas ce qui arriverait dans l'espèce ? La garantie existant de plein droit, en vertu de l'art. 1653, la clause de garantie, dans l'opinion des adversaires, devient une superfétation, une inutilité. Du reste, comment croire que les parties, qui dans une cession de créances, ont eu l'esprit juridique assez développé pour songer à la garantie, n'aient pas su que la garantie de l'existence de la créance avait lieu de plein droit? Et alors comment croire que le cessionnaire, en stipulant la garantie, n'ait pas voulu précisément se soustraire aux conséquences de l'insolvabilité actuelle du cédé ?

Enfin n'est-ce pas ainsi que Loyseau interprétait autrefois cette clause : « De mesme en matière de cheuaux on les vend sains et nets, en matière de debté ou rente on promet la faire bonne... et généralement en toute autre chose, quand on se veut obliger à la garantie de fait, on promet la garantir, ou bien on la vend avec garantie. » (Loyseau, *tr. de la Garantie*, ch. II, n° 15, p. 8, V. aussi le même *loc. cit.*, chap. III, n° 10 et suiv., p. 10).

D'ailleurs cette opinion n'était pas personnelle à Loyseau ; tous nos anciens auteurs, sauf l'exception de Brunemann, pensaient ainsi. (V. Lamoignon, *t. des transports*, t. I, p. 140, n° 10; Bourjon, t. I, p. 467, n° 21 ; Bacquet, *transp. des rentes*, ch. XVII, p. 24, n° 6.) Aussi nous ne comprenons pas pourquoi, faisant litière de toutes ces autorités, sans que le législateur les y autorisât par un mot, nos adversaires aient voulu changer une si-

gnification constamment et presque unanime-
ment acceptée dans notre ancien droit. (Dans ce
sens M. Troplong, t. II, n° 938, p. 438).

Les autres clauses qui sont en usage dans la
pratique ont un sens universellement reconnu,
personne n'ayant cherché à contester la signification donnée par nos anciens auteurs. Ainsi les
clauses de *garantie de fait* ou de *garantie de tous
troubles et empêchements quelconques* ont pour
effet de donner au cessionnaire, en cas d'insolvabilité du débiteur, un recours contre le cédant,
c'est-à-dire que, dans notre pensée, elles ont des
résultats absolument identiques à la simple clause
de garantie.

Dans tous ces cas, pour que le cessionnaire
agisse avec succès contre le cédant, il ne lui suffit
pas de prouver l'insolvabilité du débiteur cédé, il
faut en outre qu'il établisse cet état d'insolvabilité, au moment du transport.

C'est l'interprétation que nous donnons de
l'art. 1695 qui nous dit : « Lorsqu'il (le cédant) a
promis la garantie de la solvabilité du débiteur,
cette promesse ne s'entend que de la solvabilité actuelle. » On ne considère donc qu'un
moment, celui du transport, sans distinguer entre
les dettes échues à cette époque et les dettes non
échues.

Sans doute, pour ces dernières, il s'écoule un
certain temps, pendant lequel le cessionnaire voit
ses droits paralysés ; le préjudice qu'il subit est

dès lors invincible. si l'insolvabilité du débiteur se place entre le moment du transport et celui de l'échéance de la dette. Mais qu'importe! Le cessionnaire a accepté cette situation, puisqu'il n'a pas stipulé la garantie de la solvabilité future. Le cédant en mettant la créance dans le patrimoine du cessionnaire n'a contracté envers celui-ci qu'une seule obligation, celle de le protéger contre les causes *actuelles* de non-paiement.

Nous venons de faire allusion à une extension nouvelle donnée, par la convention, à la garantie, pour ce qui concerne la solvabilité future du débiteur. Cela résulte de l'art. 1695 *in fine :* « ... et (la garantie) ne s'étend pas au temps à venir, si le cédant ne l'a expressément stipulé. » Ainsi le législateur a restreint, pour le cédant, l'obligation de ne répondre que de la solvabilité actuelle, mais il a par les derniers mots de notre article, formellement permis aux parties d'étendre l'obligation de garantie à la solvabilité future.

Cette extension s'exprime le plus souvent dans la clause de *fournir et faire valoir* qui autrefois était très-usitée, dans les contrats de rente et dont Loyseau déterminait ainsi l'objet : « Pareillement de promettre « faire valoir, » c'est se charger de rendre la rente bonne et valable. » (*Tr. de la gar. des Rentes*, ch. IV, nº 11, p. 13.)

Il ne faut pas croire que le cessionnaire qui fait cette clause, puisse toujours en cas d'insolvabilité du cédé, se retourner contre le cédant par l'action en garantie. Ce dernier en effet ne garantit la solvabilité du débiteur qu'au moment de l'échéance de la dette, et n'entend pas protéger le cessionnaire contre sa négligence, mais contre les circonstances seulement, dont on ne saurait le rendre responsable. C'était du reste l'avis unanime de nos anciens auteurs (Loyseau, *loc. cit.*, ch. 11, n° 15, p. 36; Rousseau de Lacombe, *Rec. de jurisp.*, *Garantie*, n° 4), et il n'est pas probable que le législateur ait suivi sur ce point un système différent.

La Cour de Paris s'est prononcée dans ce sens, par un arrêt, en date du 18 mars 1836 : « Attendu que la plus ample garantie ne saurait équivaloir à la reconnaissance d'une dette solidaire, et ne peut rendre le cédant perpétuellement garant du débiteur, alors même que le cessionnaire a changé les conditions de la créance ; — Attendu que si aux termes de l'art. 2039, C. civ., la simple prorogation du terme ne décharge par la caution, celle-ci, dans ce cas, a le droit de poursuivre elle-même le débiteur, tandis que cette faculté n'existe pas, en matière de cession de créances, puisque le cédant est complétement dessaisi à l'égard du débiteur. » (Sir., 36, 2-271).

Mais allons plus loin : la garantie de la solvabilité future cesse encore, bien que l'insolvabilité du débiteur remonte à une époque antérieure à l'échéance de la dette, si par le fait du cessionnaire, les garanties et sûretés de la créance ont été perdues. En effet, le cessionnaire ne peut pas dire que le débiteur était insolvable, au moment de l'échéance de la dette, puisqu'à ce moment, s'il n'avait pas été en faute, il aurait été payé. Car autrement qu'arriverait-il? Le cédant, après avoir remboursé au cessionnaire son prix de cession, le lui réclamerait aussitôt, en se fondant d'après l'article 1382, C. civ., sur le préjudice qu'il lui a causé, en perdant les sûretés attachées à la créance.

Il a donc, pour repousser l'action en garantie du cessionnaire, l'exception : « Quem de evictione tenet actio, eumdem agentem repellit exceptio. » Ce cas ne présente donc pas de difficulté sérieuse.

La solution de la question est plus douteuse dans l'hypothèse, où la perte des sûretés de la créance ne résulte pas d'un fait, mais de la simple négligence du cessionnaire. Supposons que ce dernier ne renouvelle pas l'inscription d'une hypothèque qui par suite est périmée. — Qu'arrive-t-il alors? Le cédant doit-il toujours la garantie?

Cette question n'est pas spéciale au transport des créances; elle se soulève également, dans des conditions absolument identiques, à propos du recours à accorder ou à ne pas accorder contre les cautions aux créanciers qui par leur négligence ont perdu les sûretés, garantissant leurs droits. Par conséquent, pour les deux cas, la solution doit être la même.

Or, l'art. 2037, en matière de cautionnement, s'exprime ainsi : « La caution est déchargée, lorsque la subrogation aux droits, hypothèques et priviléges du créancier, ne peut plus, par le fait du créancier, s'opérer en faveur de la caution. » Ce qui fait doute, c'est le point de savoir si on doit donner à ces mots « par le fait du créancier » un sens extensif, c'est-à-dire comprenant même les fautes de négligence, ou une interprétation restrictive, s'appliquant aux faits positifs seulement. Pothier rendait responsable la caution de l'insolvabilité du débiteur, alors même que la perte des sûretés de la créance était due à la négligence du créancier. Il faisait donc, au point de vue du recours appartenant à ce dernier, une distinction entre la faute « in omittendo » et la faute « in comittendo » : « L'exception *cedendarum exceptionum* ne me paraît devoir lui être opposée (au créancier agissant contre la caution) que lorsque c'est par un fait *positif* de sa part qu'il s'est mis hors d'état de céder ses actions... Mais une simple négligence de sa part de n'avoir pas interrompu la prescription à l'égard des tiers acquéreurs, de n'avoir pas fait les inscriptions ou les oppositions, ne doit pas lui être imputée. » (Pothier, *tr. des obligations*, t. II, p. 40, n° 520).

Nous ne pensons pas que ce système ait été suivi par le législateur actuel ; car l'art. 2037 a supprimé l'adjectif « *positif* », au moyen duquel Pothier faisait la distinction entre les fautes ca-

ractérisées par un acte et les simples fautes de négligence. Et ce qui montre que cette suppression a
eu pour but de rejeter, sur ce point, le système de
l'ancien droit, c'est la reproduction du mot « *fait* »
employé par Pothier, qui, n'étant plus limité
dans sa signification par un adjectif, doit s'appliquer indistinctement à toutes les fautes, positives
ou négatives.

Du reste, cette solution est en parfait accord
avec l'art. 1383 qui assimile la négligence à la
faute positive et, par-dessus tout, elle est conforme
à la raison. Quand on va au fond des choses, en
effet, que peut-on exiger d'une personne, qu'elle
soit fidéjusseur d'un débiteur principal ou garante
de la cession d'une créance non payée? On exige
valablement d'elle une protection aussi étendue
que possible contre les dangers d'un non-paye-
ment, mais on ne saurait raisonnablement lui demander de protéger le garanti contre ses propres
fautes; s'il en était ainsi, ce serait une porte ouverte
à la fraude et aux calculs de mauvaise foi. Le
créancier, ayant un garant très-solvable, pourrait
en vertu d'un concert frauduleux laisser périmer
son hypothèque, pour permettre à un autre créancier hypothécaire d'un rang inférieur de se subs-
tituer à lui et d'obtenir ainsi le paiement de sa
créance (MM. Aubry et Rau, t. IV, p. 694, § 429.
— Troplong, *Vente*, II, n° 941, p. 444. — Duranton, XVIII, n° 382. — Cass., 14 juin 1841, Sir., 41,
1, 465. — Cass., 20 mars 1843, Sir., 43, 1, 455. —

Cass., 1857, Sir., 57, 1, 359. — Contrà : Toulouse,
19 mars 1842, Sir., 44, 1, 71. — Agen, 9 juin 1842,
Sir., 42, 2, 543).

La garantie conventionnelle est susceptible, à
un autre point de vue, d'être étendue davantage
encore, au moyen d'une clause en vertu de laquelle
le cédant s'oblige à payer pour le débiteur après
un simple commandement fait à ce dernier. Dans
ce cas, il n'est pas même nécessaire pour la garantie que le cessionnaire dirige des poursuites contre
le débiteur cédé, à l'effet d'obtenir son payement.
Un simple commandement de payer suffit à cet
égard. C'est ce que nous dit Pothier par ces mots :
« Cette garantie diffère de la précédente (fournir et
faire valoir) en ce que le cessionnaire ne s'oblige à
d'autres poursuites et diligences contre le débiteur
qu'à un simple commandement. » (*Traité Vente*,
p. 325, § 571).

Dans la garantie conventionnelle, le cédant, en
vertu de l'art. 1694, n'est pas tenu de rendre la valeur nominale de la créance au cessionnaire ; il est
libéré par le remboursement du prix et de toutes
les dépenses occasionnées au cessionnaire par le
fait du transport.

Mais cette règle, relative à l'étendue de la garantie, est-elle applicable au cas où le cédant a
promis de payer lui-même, après simple commandement? La négative nous paraît certaine; le cédant ayant fait une promesse de payer, si le débiteur ne répond pas au commandement, il est obligé

directement non plus à garantir la solvabilité du
cédé, mais à désintéresser le cessionnaire, d'une
façon absolue, sans restriction aucune.

On peut donc dire que la clause de « payer après
simple commandement » change la nature de la
garantie, et que le cédant est un véritable débiteur de la totalité de la dette, envers le cessionnaire.

La loi n'ayant pas parlé de la durée de l'action
en garantie, soit légale, soit conventionnelle, il
faut faire l'application des principes généraux.
Nous dirons donc que l'action en garantie ne se
prescrit que par trente années (A. 2262 C. civ.)
dont le point de départ est le jour même de l'exi-
gibilité de la créance ou le jour de l'éviction, si le
cessionnaire après avoir été payé, est soumis de la
part du débiteur à une *condictio indebiti*, en vertu
d'une cause antérieure au transport (A. 2257).

*Règles spéciales à la garantie des rentes et cré-
ances cédées dans un partage.* — « La garantie
de la solvabilité du débiteur d'une rente ne peut
être exercée que dans les cinq ans qui suivent le
partage. Il n'y a pas lieu à garantie, à raison de
l'insolvabilité du débiteur, quand elle n'est survenue que depuis le partage consommé. » Cette
disposition de l'art. 886 s'applique, dans l'hypothèse suivante : Deux copartageants se cèdent réciproquement les droits que pendant l'indivision ils
avaient sur les rentes de la succession. Ainsi
Pierre abandonne à son cohéritier Jean, moyen-

nant compensation, une rente que le *de cujus* avait sur Paul; c'est là un véritable transport que la loi soumet à des règles exceptionnelles et d'un caractère plus favorable.

Avant d'étudier quelle est, dans notre législation, la portée de ces règles, il nous faut remonter à l'ancien droit, où on se méprenait étrangement sur la nature de la rente. Dans l'opinion de Pothier (*Vente*, n° 634), la rente n'était rien par elle-même; elle tirait son existence de la perpétuité même des arrérages, que le crédi-rentier était en droit de percevoir. Si donc les arrérages cessaient d'être perçus, à quelque époque que ce fût, par le co-partageant qui en était créancier, on considérait ce dernier comme n'ayant pas eu dans le partage, ce à quoi il pouvait prétendre.

Cette façon d'envisager la rente reposait sans contredit sur un fondement faux, car il est incontestable qu'abstraction faite des arrérages qu'elle produit, la rente a une existence indépendante, la constituant à l'état de bien incorporel très complet (Demolombe : *Successions*, t. V, p. 437, n° 372).

Mais ce qui était plus regrettable encore, c'étaient les conséquences pratiques, auxquelles on était amené ; on arrivait infailliblement en effet à donner à la garantie une étendue indéfinie dans sa durée; en permettant au cessionnaire de la rente de recourir contre ses copartageants, dès que les arrérages ne lui étaient plus payés, et cela sans tenir compte de l'époque, fort éloignée peut-être du partage, à laquelle se produisait l'insolvabilité du débi-rentier.

Pour parer à ces inconvénients, il se faisait le plus souvent des conventions spéciales, dans lesquelles les copartageants limitaient la garantie à une durée de dix années, ou même stipulaient qu'elle n'aurait pas lieu du tout. En résumé, dans l'ancien droit, les principes qu'on croyait vrais, en matière de cessions de rentes dans un partage, conduisaient à perpétuer indéfiniment, contre les copartageants ayant joué le rôle de cédants, l'obligation de garantir la solvabilité même future du débi-rentier. En fait, les parties avaient soin de conclure un forfait de rentes, à l'effet d'atténuer la rigueur des principes.

Il semblerait que c'est en grande partie à l'influence de ces idées, qu'est due la rédaction de l'art. 886. Il suffit en effet de considérer, que le législateur actuel reproduit tout à la fois le principe de la garantie par le cédant de l'insolvabilité du débi-rentier, et le tempérament apporté par les anciens usages, d'en limiter la durée.

Or, cela constitue comme on le voit, une double dérogation aux règles ordinaires de la garantie des transports puisque dans ce dernier cas, le garant ne répond de la solvabilité du débiteur qu'en vertu d'une convention, et que la garantie dont la durée, dans le droit commun, est de trente années, est restreinte ici à cinq ans.

Toutefois penser ainsi serait une erreur des plus

N. 14

graves. Le système de l'art. 886 diffère essentiellement du système de l'ancien di**oit,** et ne s'en rapproche qu'en apparence. En effet, autrefois, les copartageants répondaient de la solvabilité future du débi-rentier, car on faisait une confusion entre les arrérages et la rente elle-même; aujourd'hui, il n'en est plus ainsi. Les copartageants ne garantissent que la solvabilité actuelle du débiteur de la rente, c'est-à-dire que la disposition de l'art. 886 considère les cessions de rentes faites dans un partage, comme des transports de créances, dont la garantie serait étendue par une convention à la solvabilité actuelle du débiteur. On ne peut donc pas rattacher aux idées de Pothier l'économie de la loi, sur la garantie des rentes cédées dans un partage.

Il faut alors pour la justifier s'en référer aux principes généraux, en matière de partage. Le législateur a recherché, avant tout, à maintenir l'égalité entre les cohéritiers; aussi, après avoir posé en principe, et cela contrairement à la réalité des faits, que le partage était déclaratif de propriété, a-t-il néanmoins organisé la garantie, comme si les copartageants étaient les ayants-cause les uns des autres. C'est dans la même pensée qu'il a mis à la charge des cohéritiers la garantie de la solvabilité des débiteurs héréditaires au moment du partage.

Dans les cessions de créances ordinaires, on ne

retrouve plus ces motifs; c'est ce qui explique sur ce point la différence des deux systèmes.

Le délai pendant lequel le copartageant lésé par l'insolvabilité de son débi-rentier, peut agir en garantie, est limité à une durée de cinq années. Cette dernière disposition a donné lieu à bien des critiques. On a cependant voulu la légitimer en rattachant l'art. 886 à l'art. 2277.

Monsieur Duranton dit en effet : « On a peut-être pensé que, puisque les arrérages de rente se prescrivent par cinq ans (art. 2277), le créancier est supposé ne point laisser écouler ce temps, sans agir pour les réclamer, et en cas d'insolvabilité, sans recourir contre les garants. Donc s'il n'a pas agi contre ces derniers, c'est probablement parce qu'il a été payé de quelques-uns des arrérages échus dans les cinq ans, les plus anciens, si l'on veut. Or, si le débiteur en a payé dans les cinq ans du partage, c'est parce qu'il n'était pas insolvable au moment du partage; et comme la garantie de droit n'a pas lieu au profit de l'héritier à qui est échue la rente, à raison de l'insolvabilité du débiteur survenue depuis le partage, on a pu *raisonnablement* dans ce système établir que l'action en garantie pour l'insolvabilité, existant déjà au temps du partage, se prescrirait par cinq ans. » (t. VII, p. 731, n° 541.)

Monsieur Demolombe cherche une autre justification de la loi : « Le législateur aura-t-il pensé que ce serait toujours une preuve difficile à établir, que celle de l'insolvabilité du débiteur, au moment du partage, et qu'il fallait en conséquence, diminuer le plus possible les difficultés et les incertitudes de cette vérification, en obligeant l'héritier à former son action en garantie dans un terme qui ne s'éloignât pas trop de cette époque? Cette considération serait, en effet, celle peut-être qui serait le mieux de nature, sinon à justifier tout à fait, du moins à expliquer, sous ce rapport, l'art. 886. » (Demol., *loc. cit.*, p. 444, n° 376.)

Le tort des deux savants auteurs est, suivant nous, d'avoir cherché à donner aux rédacteurs de l'art. 886, une idée raisonnable. Monsieur Demolombe a dû faire de bien grands efforts pour expliquer les motifs du législateur, et nous pensons qu'il n'a pas réussi. Car, dans quel but aurait-on, relativement aux rentes pour le cas d'insolvabilité du débiteur, restreint à cinq années l'exercice de l'action en garantie, les autres recours se prescrivant tous par trente ans ?

Si on avait été réellement préoccupé de la pensée d'empêcher les difficultés résultant de la vérification de l'insolvabilité des débiteurs, cette pensée aurait nécessairement dicté une solution identique, pour toutes les hypothèses où le cédant garantit la solvabilité du cédé. Or, nous savons que les choses ne se passent pas ainsi et même nous verrons bientôt que, dans un partage, les cohéritiers qui ont fait à l'un d'eux le transport d'une créance, doivent pendant trente ans, la garantie de la solvabilité du débiteur.

L'explication de M. Duranton se rapproche davantage de la vérité. Le législateur nous paraît avoir associé dans sa pensée l'art. 886 à l'art. 2277; car le nombre d'années requis pour la prescription des arrérages d'une rente est absolument le même que celui qu'on exige pour la prescription en matière de garantie de la solvabilité du débi-rentier.

Il est donc permis de croire que cette similitude dans le délai de prescription a été déterminée par une confusion regrettable, et que M. Duranton a le tort de vouloir justifier, entre deux hypothèses qui n'ont rien de commun. En effet, l'art. 2277 suppose que, pendant cinq ans, le crédi-rentier n'a pas réclamé les arrérages.

Or, est-il vrai de dire que si le cohéritier qui a reçu dans son lot une rente, pouvait, après cinq ans, agir en garantie contre ses copartageants, pour cause d'insolvabilité du débiteur, il affirmerait indirectement la fausseté de ses prétentions? Pourrait-on lui objecter que si le débiteur avait été insolvable au moment du partage, il ne lui aurait pas payé, même une fois, les arrérages de la rente, et que ce payement lui a été fait, puisqu'il a laissé passer cinq ans sans se plaindre?

Mais ces idées sont absolument fausses; un débiteur peut être insolvable au moment où il sert encore les arrérages d'une rente. On voit souvent

en effet des personnes se vouer à des expédients
sans nombre, pour essayer de se soustraire aux
conséquences d'une faillite ou d'une déconfiture,
emprunter aujourd'hui pour payer les intérêts
d'une dette qu'elles avaient contractée hier, mar-
cher en un mot quelque temps, malgré un état
certain d'insolvabilité.

Et cela est tellement vrai, que si le cohéritier,
ayant reçu la rente dans son lot, avait touché des
arrérages, ce ne serait pas une raison pour lui
refuser, dans les cinq ans, le droit de faire la
preuve de l'insolvabilité du débiteur au moment
du partage. Comment dire alors que l'aveu tacite
du payement des arrérages d'une rente est la
preuve péremptoire de la solvabilité du débi-rentier?

Quant à nous, notre opinion est plus défiante
de l'esprit de réflexion du législateur; nous pensons que le raisonnement que lui prête M. Duranton n'a pas même été fait, parce qu'il est trop
subtil et d'une réfutation trop facile. Il y a eu
simplement un rapprochement spontané et irré-
fléchi entre deux dispositions, ayant trait l'une
et l'autre au défaut de payement des arrérages
d'une rente; voilà pourquoi dans les deux cas, le
législateur a donné à la prescription la même
durée.

La disposition de l'art. 886 s'applique à l'insolvabilité du débi-rentier seulement. Que si le recours en garantie était motivé par l'inexistence

de la rente, il ne se prescrirait que par trente ans, car c'est la prescription du droit commun.

Jusqu'ici nous n'avons parlé que des rentes. Or, faut-il appliquer aux créances cédées dans un partage les principes que nous venons d'indiquer? Il y a une distinction à faire : Les copartageants devront répondre non-seulement de l'existence des créances mises dans le patrimoine de l'un d'eux, mais encore de la solvabilité du débiteur, au moment du partage. En effet, le législateur a voulu maintenir l'égalité la plus stricte entre les cohéritiers, et s'il a parlé spécialement des rentes, c'était pour restreindre le délai, pendant lequel la garantie devait être exercée. Les créances restent donc soumises comme tous les autres biens, puisqu'il n'y a aucune restriction à cet égard, à l'art. 884, qui pose le principe de la garantie des troubles et évictions procédant d'une cause antérieure au partage.

Ces idées nous conduisent, on le voit, à rejeter en matière de cessions de créances, dans un partage, toutes les dispositions exceptionnelles de la garantie des rentes. Ainsi nous décidons que la garantie de l'insolvabilité du débiteur d'une créance ne se prescrit que par trente ans, et que le point de départ de la prescription, en vertu de l'art. 2257, date du jour de l'éviction, et non de celui du partage; le délai commencera donc à courir au moment seulement où, pour la première fois, l'insolvabilité du débiteur se sera traduite dans ses rapports avec le créancier. (M. Demolombe, *loc. cit.*, p. 446, n° 381 et suiv.)

Notons en terminant que la garantie des créances et des rentes, cédées dans un partage, est fortifiée par un privilége, qui n'existe pas dans les cessions de créances ordinaires et qui porte sur les biens de la succession (art. 2103).

§ 2.

De la nullité des cessions de créances, pour cause d'incapacité.

Sous ce paragraphe, nous avons peu de choses à dire; il n'y a rien ici qui soit spécial à la matière des transports. Nous nous contenterons donc d'examiner rapidement la nullité de la cession, quand l'incapacité est une mesure édictée, non pas en faveur, mais contre la personne du cessionnaire.

Les incapacités de recevoir dérivent de la théorie des donations, ou des principes écrits en matière de vente, lorsque la cession est à titre onéreux. Bornons-nous à l'examen rapide des incapacités résultant, pour les transports à titre onéreux, des art. 1595, 1596 et 1597.

1° *Les époux sont incapables de se faire des cessions de créances.* — Que si la cession a eu lieu, on peut la considérer ou comme valable, en tant que donation indirecte, susceptible de révocation *ad nutum*, ou comme soumise à une action en nullité pour cause d'incapacité des parties. M. Toullier, pour défendre le premier système, se fonde sur l'esprit de la loi et sur la rédaction même des textes.

Qu'a voulu, en effet, le législateur, en prohibant ces sortes de contrats? Empêcher les donations entre époux d'être rendues irrévocables, par le moyen d'un déguisement, emprunté à la forme des contrats à titre onéreux. Que disent les textes? L'art. 1595 dit que le contrat de vente ne peut avoir lieu entre époux. Or, il est à remarquer que cet article n'ajoute pas « à peine de nullité » comme dans les art. 1596 et 1597; par conséquent il est naturel de penser que ces ventes ont, aux yeux du législateur, la valeur de donations entre époux ; ces derniers, seuls, sont donc admis à en faire tomber les effets par une manifestation de leur volonté.

Du reste, le système opposé est assez illogique, car on comprend difficilement que les époux se transfèrent valablement une propriété, révocable au gré de leur désir, quand ils se font une donation et qu'ils ne puissent arriver au même résultat, quand ils agissent à titre onéreux. (Toullier, t. 12, p. 65, nº 41).

Ces raisons ne nous touchent pas ; nous repoussons énergiquement l'avis de Toullier. Nous admettons que, dans tous les cas, la cession faite à titre onéreux est frappée d'une nullité relative, c'est-à-dire soumise, pendant dix ans, à une ac-

tion en rescision de la part, non-seulement de
l'époux vendeur, mais encore de ses héritiers et de
ses créanciers. En effet, on ne doit pas considérer
comme valables en tant que ventes, ces opérations,
puisqu'elles sont défendues par la loi; on ne doit
pas non plus les dire valables en tant que donations, puisque les formes prescrites à peine de nullité, n'ont pas été observées.

Quant à l'argument tiré de ce fait, que la loi ne
prononce pas la nullité des ventes entre époux, il
n'est pas sérieux ; nous sommes, en effet, dans une
matière qui traite des incapacités d'acheter et de
vendre; or, les incapacités, quelles qu'elles soient,
sont sanctionnées dans les art. 1304 et suivants,
par une action en nullité. Enfin, il n'est pas illogique, comme on le prétend, d'admettre que les
époux soient incapables de faire produire à un
contrat à titre onéreux les effets d'une donation
par eux consentie, car le législateur n'aime pas
les détours, les voies tortueuses, et ici avec raison,
il frappe de nullité tout ce qui n'est pas une donation directe. (Grenoble, 24 janv. 1826, Dal., 262,
155., 8 mars 1831, Dal. 23, 2, 60.)

Notre solution est absolue et repousse par conséquent le système de M. Troplong qui réduit la
question à un examen de fait par les tribunaux,
lesquels auront à se demander si les parties ont
voulu faire une donation ou une vente sérieuse.
Trancher la question, dans ce sens, engendrerait
des conflits et des difficultés judiciaires, que la loi

n'a pas voulu créer. (Contrà Troplong, t. 1, *Vente*, n° 185, p. 260.)

En ce qui concerne la durée de dix années, à laquelle est soumise l'action en nullité, il n'y a pas de difficulté sur ce point, puisque nous sommes dans une matière relative à l'incapacité des personnes qui ont fait cession de la créance.

2° *Les tuteurs ne peuvent devenir cessionnaires d'une créance appartenant à ceux dont ils ont la tutelle* (a. 1696). — La nullité ici est encore relative, mais pour être demandée, il importe que le tuteur ait agi sans juste cause. Par conséquent, la cession sera parfaitement valable, si elle a eu lieu dans un partage, quand le tuteur et le mineur étaient cohéritiers de la même succession.

Nous ne parlons pas du cas où le tuteur paie de sa propre bourse un créancier exigeant du mineur, à la condition d'être subrogé dans ses droits, car ce n'est plus une cession, mais une opération de subrogation. Notons que l'incapacité doit être restreinte, dans les limites les plus étroites : c'est ainsi qu'elle serait inapplicable aux personnes des subrogé-tuteur , curateur et conseil judiciaire, car la loi n'en parle pes. (Contrà M. Troplong, *loc. cit.*, n° 187, p. 263; Duranton, t. XVI, n° 135.)

3° *Les personnes énumérées dans l'art.* 1597 *ne peuvent à raison de leurs fonctions judiciaires, être cessionnaires de droits litigieux.* — Nous n'avons pas à rentrer dans les développements que nous avons donnés plus haut, sur cette incapa-

cité. C'est seulement au caractère de la nullité qui
en est la suite, que nous voulons nous attacher.

Sans doute, le cessionnaire, homme de loi,
n'aura pas d'action pour demander à son cédant
l'exécution du contrat : *Nemo ex delicto suo actionem consequi debet.* Sans doute encore, le débiteur cédé sera en droit de demander la nullité de
la cession.

Mais le cédant pourra-t-il lui aussi faire prononcer cette nullité? M. Duranton résout la question dans le sens de la négative : « Et nous ne
pensons pas que le cédant pût demander la nullité pour rentrer dans sa créance. Il est en faute
d'avoir fait la cession à quelqu'un qui pouvait
vexer sa partie adverse (t. XVI, n° 145, p. 174). »

Nous ne saurions nous ranger à cet avis; pour
nous la difficulté se réduit au point de savoir
quelles personnes la loi a voulu protéger contre
les cessions consenties à des magistrats ; quelles
personnes, en d'autres termes, sont incapables.

Or, le cédant n'est-il pas aussi digne de protection que le débiteur cédé lui-même? Est-il sûr,
comme le dit M. Duranton, qu'il consent la cession de ses droits à un magistrat, dans le but seul
de molester son adversaire et de lui faire perdre
son procès? Mais c'est une erreur; car bien souvent il se laissera dominer par les menaces du
cessionnaire qui, à raison des fonctions qu'il occupe, a le moyen peut-être de le mettre dans cette

alternative : ou de perdre son procès ou d'en consentir le transport.

On comprend donc que la loi ait donné au cédant le moyen de revenir sur un acte de faiblesse, préjudiciable à ses intérêts. (MM. Troplong, t. I, n° 196, p. 273 ; Aubry et Rau, t. IV, § 359 *quater*, p. 455 ; Colmet de Santerre, t. VII, n° 24 *bis*, III, p. 45.)

Une question plus controversée est celle de savoir si le cessionnaire lui-même peut demander la nullité, et par conséquent si cette dernière est absolue ou est relative. Un grand nombre d'auteurs font intervenir l'art. 1131 qui porte que l'obligation fondée sur une cause illicite ne produit aucun effet, et par suite admettent toutes personnes intéressées sans en excepter le cessionnaire, à invoquer la nullité du transport. (Troplong, *loc. cit.*, p. 273, n° 196 ; Duvergier, t. I, n° 200. Marcadé sur l'art. 1597, n° 3.)

On fait appel aussi, dans le même sens, à l'article 6 qui défend les conventions contraires aux lois et aux bonnes mœurs ; ceci est plus raisonnable ; car, s'il peut y avoir ici un motif d'ordre public, assurément c'est à tort qu'on voudrait soulever une question de cause d'obligation, quand il n'y a qu'une question d'incapacité.

Mais nous repoussons également l'une et l'autre raison et nous préférons dire avec M. Colmet de Santerre : « On exagérerait, il nous semble, la règle de la loi, en voyant une atteinte à l'ordre public

dans la violation d'un simple devoir profession-
nel et le résultat qu'on obtiendrait ainsi serait
étrange, puisqu'on donnerait au cessionnaire qui
a commis une faute un droit fondé sur cette faute,
et qu'il pourrait, quand, par hasard, la spéculation serait mauvaise pour lui, se soustraire en
invoquant la nullité, à l'exécution de la convention. » (C. de Sant., *loc. cit.*, n° 24 *bis*, III, p. 45).

Nous déciderons donc que la nullité est relative
et que, par conséquent, le cédant et le cédé ne
pourront la demander que pendant un délai de
dix ans.

Une fois que la nullité de la cession aura été prononcée, le cessionnaire perdra non-seulement le
profit qu'il avait espéré du transport, mais il sera
soumis encore, de la part du cédant ou du cédé, à
une action en dommages-intérêts. (Aubry et Rau,
loc. cit., p. 454).

Quant au droit cédé, il n'est pas éteint par la
nullité du transport. Cette règle est contraire aux
anciennes ordonnances. L'ordonnance de 1629,
dans son art. 94, se référant sur ce point aux ordonnances antérieures de 1356, 1535, 1560, défendait les cessions de créances litigieuses, dans les
circonstances que nous avons dites, à peine,
contre le cédant, de la perte de ses droits. On
comprend que le législateur actuel n'ait pas reproduit cette prohibition, car son but est de protéger le cédant au moins autant que le débiteur
cédé.

D'autres difficultés sont possibles relativement
au conflit entre le cédé qui, au lieu de demander
la nullité du transport, a exercé contre le cessionnaire, le retrait litigieux, et le cédant qui postérieurement agit en nullité de la cession. Nous
retrouverons cette question dans le chapitre IV,
quand nous traiterons le retrait litigieux.

§ 3.

De l'intransmissibilité de la créance pour absence du consentement des parties.

La créance ne passe pas au cessionnaire, tant
que les parties ne sont pas tombées d'accord.
Dans ce cas, la créance n'ayant pas été transmise,
il ne sera pas nécessaire de demander la nullité
d'une cession qui n'a jamais existé. Sans doute,
on ira devant les tribunaux, si le prétendu cessionnaire se dit propriétaire de la créance, mais
tout se réduira à une question de fait, celle de
savoir si, oui ou non, les parties se sont entendues
sur la créance à céder et sur le prix à payer. Cet
examen se fera, à quelle époque que ce soit, sur
l'initiative de toute personne y ayant intérêt.

Il est possible que le consentement ait lieu, mais
qu'il soit entaché d'un vice, comme par exemple
l'erreur, la violence ou le dol. La créance alors
passe bien au cessionnaire, mais les effets de la
transmission sont détruits, quand la rescision
du transport est demandée par la victime de l'er-

reur, de la violence ou du dol, dans le délai de dix ans ; après ce délai le contrat est censé ratifié.

Nous n'avons pas parlé de la lésion ; elle ne donne en effet ouverture à la rescision des contrats que dans les ventes immobilières, (A. 1674), et en faveur du vendeur seulement.

SECTION II

SANCTION DES RÈGLES DE FORMES

La sanction des règles de formes est relative :

1º A la perte totale des avantages de la créance, résultant du défaut de signification ou d'acceptation authentique de la créance cédée.

2º A la perte partielle des avantages de la créance, résultant de la signification ou de l'acceptation tardive. Dans ces deux cas, le cessionnaire qui subit un préjudice résultant de l'inaccomplissement des formalités de l'art. 1690, a contre le cédant un recours en garantie.

Nous rappelons en passant, que les règles de l'art. 1690 donnent, à l'égard de tous, la propriété de la créance à la personne du cessionnaire, mais que leur inobservation n'est pas un obstacle à la transmission du droit, dans les rapports du cessionnaire avec le cédant et les autres personnes que nous n'avons pas fait rentrer plus haut dans notre énumération des tiers. Nous verrons bientôt quelles conséquences nous tirons de cette idée.

3° A la perte totale ou partielle des avantages de la créance, résultant de l'inaccomplissement de la formalité de la transcription exigée par la loi du 23 mars 1855.

§ I.

Perte totale résultant de l'inobservation des formalités de l'art. 1690.

Tant qu'il n'y a pas signification ou acceptation authentique du transport, les tiers ont le droit de considérer la cession comme nulle et non avenue ; par conséquent, ils sont admis à opposer au cessionnaire les droits qu'ils ont pu acquérir sur la créance, dans l'intervalle qui sépare le transport de la signification. Appliquons ces idées à chacune des personnes, que nous avons appelées « tiers. »

1° *Le cédé...* Tant que le cessionnaire n'a pas signifié le transport au cédé, encore que celui-ci en ait eu connaissance, si du reste il ne l'a pas accepté, il peut opposer toutes les causes de libé·ration, qui se seraient produites de son chef dans ses rapports avec le cédant, et postérieurement au transport. C'est ce que dit formellement l'article 1691, dont la justification est facile.

Le législateur n'avait pas à hésiter en effet entre l'intérêt du débiteur qui s'est libéré, ne connaissant pas la cession, et le cessionnaire qui a négligé de la lui faire connaître. Que si la connaissance du transport de la part du cédé est objectée par le cessionnaire, il n'importe, car on a voulu éviter des questions de fait souvent fort difficiles à trancher.

La libération résulte donc d'un payement que le débiteur cédé a fait entre les mains du cédant. Le cessionnaire n'a pas le droit d'exiger un second payement.

Mais comment le cédé prouvera-t-il qu'il a payé sa dette au cédant avant la signification et que par conséquent le cessionnaire n'a rien à lui demander ? La quittance délivrée par le créancier originaire devra-t-elle avoir date certaine, antérieurement à la signification ? Si nous nous en tenions au principe énoncé dans l'art. 1328, le doute ne serait pas possible. Car la quittance est un acte sous seing privé, dans notre hypothèse, et le cessionnaire est un tiers ; en effet, il est possible que par suite d'un concert frauduleux, entre le cédant et le débiteur cédé, le premier délivre quittance, postérieurement à la signification, en ayant soin de lui donner une date antérieure.

Cependant, il est trop rigoureux d'exiger que les quittances aient date certaine ; aussi une jurisprudence constante, contre laquelle nous ne nous sentons pas le courage de nous élever, a-t-elle toujours décidé dans ce sens.

Mais il ne faut pas croire que les juges soient liés par la présentation d'une quittance, ayant une date antérieure à la signification ; ils ont à examiner en fait si on peut y ajouter foi, quelle en est la sincérité. En un mot nous leur attribuons à cet égard, un pouvoir complétement appréciateur ; toutefois quelques auteurs le leur refusent en se fondant sur les principes qui gouvernaient l'ancien droit.

C'est ainsi que M. Troplong, se référant à l'autorité de Charondas, de Ferrière et de Bourjon, pense que la quittance sous seing privé doit être présentée à première réquisition, et, alors le juge est lié ; dans le cas contraire, la quittance doit avoir date certaine : « Nonobstant la signification du transport, c'est-à-dire dans le cas même que le transport a été signifié, les quittances que le débiteur a du cédant, quoique sous signature privée, peuvent être opposées au cessionnaire, pourvu que cela se fasse incontinent après. » (Bourjon, t. I. nº 10, p. 466).

Mais cette opinion n'était pas unanime chez les anciens auteurs. Rousseau de la Combe, rappelant un arrêt du 10 février 1565 nous dit : « Débiteur doit au tems de la signification du transport, déclarer qu'il ne doit rien, sinon la quittance sous signature privée de date antérieure, ne serait valable. Arr., Carond., *Obs. verb. cession.;* mais c'est sans fondement ; rien n'oblige un débiteur de faire pareille déclaration, s'il n'est assigné à cet effet. » (*Rec. de Jurispr. civ.,* vº *Transport,* nº 20, p. 333.)

Nous ne pouvons donc pas, en présence de ces contradictions, chercher dans l'ancien droit la solution de la difficulté; en conséquence, c'est à tort que M. Troplong requiert la présentation immédiate de la quittance; nulle part rien de pareil n'est exigé par la loi et bien souvent ce système serait contraire à l'équité. En effet, un débiteur a-t-il toujours sous la main les quittances qui lui ont été délivrées depuis longtemps peut-être? Et si lui-même n'a pas fait le paiement, lequel a été réalisé par l'auteur auquel il a succédé, est-il juste de lui demander immédiatement une quittance qui se trouve perdue dans des papiers qu'il ne connaît pas encore?

Il vaut mieux, suivant nous, que le Tribunal s'éclaire des circonstances et statue suivant les cas. Quand un jugement aura déclaré, postérieurement à la cession, mais antérieurement à la signification, dans un procès entre le cédant et le cédé, que celui-ci a payé à celui-là, l'exception de la chose jugée sera opposable au cessionnaire. Et ce dernier ne sera pas même admis à former tierce-opposition au jugement rendu contre le cédant. (Cass., 16 juillet 1816; Sir., 15, 18, 1, p. 217.)

A côté du paiement fait entre les mains du cédant et que le cédé peut opposer au cessionnaire, il faut placer la compensation. Supposons que dans l'intervalle compris entre le transport et la signification, le cédé devienne créancier du cédant pour une somme d'argent liquide et exigible, égale à sa dette, il sera libéré alors pour le tout.

Mais des doutes se sont produits dans la pratique, relativement à la compensation entre le cessionnaire et le débiteur cédé. Voici l'espèce qui fut soumise à la Cour de Paris.

Vigoureux, débiteur de Stevens, se fait céder une créance contre ce dernier, sans lui faire aucune signification. Stevens, ignorant que Vigoureux était devenu son créancier, fait de son côté cession de ses droits à un sieur Alliot. Or, la question posée était de savoir si Vigoureux pouvait, malgré le défaut de signification, opposer à Alliot la compensation qui avait pris naissance de son chef, dans ses rapports avec Stevens. La Cour a décidé que la compensation n'avait pas eu lieu. En effet, Stevens n'était pas, au moment où il cédait ses droits à Alliot, débiteur de Vigoureux, puisque ce dernier ne lui avait fait aucune notification. (Arr., 28 février 1825; Dall., 26, 2, 60).

Ce système semble contraire à celui admis par la Cour de Grenoble : « Attendu que le sieur B... a invoqué la disposition de l'art. 1690 du C. civ., pour en induire que le sieur P... ne pouvait pas profiter du bénéfice de sa cession ; que cet article n'a aucun rapport avec la question de compensation, régie par les art. 1289 et 1290; qu'il pourrait y avoir lieu à l'application de l'art. 1690, s'il existait deux cessions de la même créance, auquel cas il faudrait se décider par l'antériorité des significations; mais qu'il ne s'agit pas de savoir ici lequel des cessionnaires ou créanciers saisissants doit primer les autres, mais qu'il n'existe qu'une seule cession, celle en faveur du sieur P..., et que c'est à l'instant même de cette cession, qu'une compensation s'est opérée entre la créance cédée au sieur P... et celle qu'il devait au sieur L... » (21 août 1828, Sir., 1, 141.)

Ces deux décisions ne sont point inconciliables. La Cour de Grenoble a eu à statuer sur les effets de la compensation *inter partes* qui se produisent, indépendamment de la signification, tandis que la Cour de Paris a eu à trancher la question de savoir si ces effets sont opposables aux tiers. C'est avec raison qu'elle a répondu dans le sens de la négative. Que si on objecte que le cessionnaire de la créance ne peut avoir plus de droits que son cédant, nous répondrons que dans l'hypothèse de deux cessions successives, le second cessionnaire qui a fait la signification, peut bien, contrairement au cédant, opposer la nullité du premier transport. Or, pourquoi en serait-il autrement, dans notre espèce? (Aubry et Rau, § 359 *bis*, p. 433.)

Postérieurement à la cession, mais antérieurement à la signification, la créance peut-elle être éteinte par confusion? Nous n'avons trouvé nulle part la solution de cette question; et cependant ses résultats nous paraissent assez intéressants pour que nous nous donnions la peine de les examiner. Supposons que Pierre, après avoir cédé à

Jean une créance de 50,000 francs sur Paul, devienne, avant toute signification, héritier pur et simple de ce dernier. Qu'arrive-t-il? Pierre a-t-il qualité pour prétendre que la créance est éteinte par confusion, et que le transport qu'il a antérieurement consenti ne peut plus, à raison de la négligence du cessionnaire Jean, produire aucun effet? Non ; à l'égard de Pierre, qui a joué le rôle de cédant, la cession est parfaite par le consentement des parties; d'ailleurs Pierre, devant la garantie, ne peut pas troubler le cessionnaire dans la possession de la créance.

Mais faut-il aller plus loin et décider ainsi, dans le cas où c'est le débiteur cédé qui devient, avant la signification, héritier pur et simple du cédant? Nous pensons que telle doit être la solution de la question. En devenant héritier pur et simple du cédant, le débiteur cédé succède à l'obligation de garantir le cessionnaire ; or, comme nous l'avons dit, le premier effet de cette obligation est de ne pas troubler le cessionnaire dans la possession de la créance. On comprend alors que le cédé ne puisse se prévaloir de sa qualité de tiers, et du défaut de signification, à l'effet d'obtenir la nullité du transport.

Nous venons de raisonner dans l'hypothèse où la succession a été acceptée purement et simplement. *Quid*, dans le cas d'une acceptation sous bénéfice d'inventaire? Que ce soit le cédant qui hérite du cessionnaire, ou le cessionnaire qui hérite du cédant, il importe peu ; la solution est la même. Le patrimoine du défunt ne se confondant pas avec celui de l'héritier, rien n'empêche le cessionnaire de faire, même après l'ouverture de la succession, la signification du transport au débiteur cédé ; ici, l'idée que la créance est éteinte par confusion n'est pas même possible.

Le débiteur est admis à opposer au cessionnaire qui n'a pas signifié le transport, la remise de la dette à lui consentie par le créancier originaire, alors même que, dans l'espèce, il agisse « *de lucro captando* ». Nous pensons toutefois que le cessionnaire, par suite de son droit à la garantie, doit être considéré comme créancier du cédant, et que, par conséquent, dans le cas où la remise de la dette a eu lieu en fraude de ses droits, il peut se fonder sur l'art. 1167 pour la faire rescinder.

Quant à la perte de la chose due, elle ne se produit pas dans les hypothèses dont nous parlons, car les créances n'ont pas pour objet des corps certains, mais une somme d'argent.

2° *Un second cessionnaire.* — Ce cas ne souffre aucune difficulté ; nous renvoyons donc purement et simplement à ce que nous en avons dit, dans notre énumération des tiers. Ainsi, quand il y a plusieurs cessions successives, on ne s'attache pas au moment du transport, pour faire l'attribution de la créance, mais au moment de la signification. Celui-là est propriétaire de la créance qui, le premier, a rempli les formalités de l'art. 1690.

3°. *Un créancier gagiste.* — Nous avons montré plus haut comment un créancier auquel a été donné en gage un droit de créance déjà cédé à une autre personne, aurait été lésé si le législateur ne l'avait autorisé à se prévaloir du défaut de signi-fication.

Notre intention n'est pas de revenir sur cette idée ; nous nous contenterons de dire que les règles de l'art. 2075 sont imposées à la personne du ga-giste qui argue de sa qualité de « tiers, » dans le but de repousser les effets du transport. En con-séquence, la constitution du gage sera constatée par un acte authentique ou par un acte sous seing privé ayant reçu date certaine de l'enregistrement ; de plus, le gagiste sera obligé de faire la significa-tion de son nantissement au débiteur de la créance. Une fois que toutes ces conditions auront été rem-plies, le droit sera certain et opposable au ces-sionnaire.

Mais le cessionnaire est-il admis à prétendre, pour faire tomber les droits du créancier gagiste, que les formalités de l'art. 2075 n'ont pas été ob-servées quand le nantissement a été accepté par le débiteur, dans un acte authentique ? La plupart des auteurs estiment que l'acceptation du nan-tissement dans la forme authentique est équiva-lente à la signification (MM. Aubry et Rau, t. III, p. 516, § 433, Pont, *Pet. contr.*, t. II, n° 1106, Du-ranton, t. XVIII, n° 524).

Nous ne croyons pas que cette solution soit bonne ; la loi, dans l'art. 2075, a soumis la constitution du gage à des formes strictes auxquelles on ne doit rien ajouter sous prétexte d'en combler les lacunes ; faire appel à la disposition de l'art. 1690, c'est transporter dans la matière du gage une règle qui a été édictée pour une hypothèse absolument différente.

La Cour de cassation semble s'être prononcée dans ce sens par arrêt du 11 août 1869 : « Attendu qu'aux termes de l'art. 2075 C. civ. le nantissement d'une créance mobilière n'est valable, à l'égard des tiers, qu'autant qu'il a été signifié au débiteur de la créance·donnée en gage ; — attendu que c'est dès lors à bon droit qu'il a été déclaré par l'arrêt attaqué que le nantissement invoqué par le demandeur, n'ayant pas été signifié au débiteur de la créance, ne pouvait être opposé aux tiers... » (Sir., 1, 398.)

4° *Les créanciers du cédant.* — Quand ils ont fait saisie-arrêt entre les mains du débiteur du cédant, ils ont acquis le droit de n'être pas dépouillés en totalité du profit de la créance par un transport non signifié.

Mais le cessionnaire n'est point privé, par là même, de la faculté de faire la signification, car les saisies-arrêts ne constituent pas, au profit de ceux qui les pratiquent, des causes de préférence contre les autres créanciers du débiteur. Or, si ces derniers saisissent valablement la créance sans que le premier saisissant ait le droit de se plaindre, à plus forte raison doit-il en être de même à l'égard d'un cessionnaire qui signifie le transport.

Il faut donc supposer, pour que le cessionnaire perde complétement la créance, non-seulement que les créanciers du cédant ont fait saisie-arrêt sur le débiteur cédé, mais encore qu'ils ont été désintéressés par lui. En effet, le cessionnaire qui, par la signification, empêche les payements futurs d'avoir lieu, à son préjudice, entre les mains des saisissants n'est pas en droit de répéter ce qui a été, avant, légitimement payé.

§ 2.

Perte partielle des avantages de la cession à raison d'une signification tardive.

Au moment de la signification, il est possible que le débiteur cédé se soit déjà libéré en partie de sa dette, soit par un payement partiel entre les mains du cédant, soit en invoquant une cause de compensation qui a diminué, sans la détruire tout à fait, la créance cédée. Quels sont alors les droits du cessionnaire? Ils se bornent à lui permettre de réclamer au débiteur les sommes qui n'ont pas encore été payées; le reste est perdu pour lui si son recours contre le cédant ne produit pas d'effet.

La règle est la même, quand le créancier originaire fait une seconde cession ne portant cette fois que sur une partie seulement de la créance ; que si le second cessionnaire signifie son droit avant le premier, celui-ci est réduit au surplus de la créance qui n'a pas été transporté.

Une difficulté se présente, dans l'hypothèse que nous venons de faire, pour le cas où le débiteur est insolvable. Le cessionnaire de la fraction de la créance peut-il, parce qu'il a fait sa signification le premier, prétendre qu'il doit être payé sur les biens du cédé avant l'autre cessionnaire ? Nous ne le pensons pas ; le cédant a démembré son droit : d'une seule créance il en a fait deux et, par conséquent, chacun des cessionnaires vient au marc le franc sur les biens du débiteur cédé. — On invoque en vain, dans le système contraire, cette idée que le cessionnaire ayant le premier rempli les formalités de la signification, doit, à raison de sa diligence, être préféré au cessionnaire négligent ; cette manière de résoudre la question a en effet pour résultat de créer un droit de préférence qui n'est pas écrit dans la loi.

La controverse que nous venons de trancher est trop voisine de la question suivante pour que nous n'en disions pas un mot : Le cédant qui fait une cession partielle de ses droits a-t-il, quand, d'ailleurs, toutes les formalités de l'art. 1690 pour ce transport ont été remplies et que le débiteur est insolvable, un droit de préférence sur les biens du cédé ? Supposons que Pierre cède à Jean la moitié d'une créance de 20,000 francs, qu'il a sur Paul. Si ce dernier était solvable, le cédant et le cessionnaire toucheraient chacun 10,000 francs.

Mais Paul est insolvable et ses créanciers n'ont droit qu'au 50 0/0 de leurs créances. Or, Pierre prend-il exclusivement les 10,000 francs afférents à la créance ? Non, car l'art. 1252, relatif à la subrogation, n'est plus applicable dans la matière des cessions de créances (Grenoble, 15 janvier 1834, Sir., 35, 2, 45. — Amiens, 24 juillet 1841, 2, 93).

La réciproque est vraie ; le cessionnaire Jean n'a pas le droit de venir sur les 10,000 francs, à l'exclusion de Pierre. M. Troplong ne partage pas cet avis : « En se reportant aux principes, on aperçoit clairement que la concurrence est impossible. Pierre a vendu à Sempronius une créance de 25,000 fr.; il doit, par conséquent, l'en faire jouir, et dès lors, il est manifeste qu'on doit lui céder la préférence. C'est aussi l'opinion de M. Grenier.

« On objectera peut-être que, dans la cession faite purement et simplement, le cédant n'est tenu que de la garantie de droit, c'est-à-dire de l'existence de la créance et nullement de l'insolvabilité ; que dès lors ne devant pas garantir au cessionnaire qu'il sera payé de la totalité de son dû, il n'y a pas de raison pour que ce dernier lui soit préféré. Mais je répondrai qu'il serait tout à fait contraire à la bonne foi que le vendeur de la portion de la

créance cédée, après en avoir touché le prix, vînt,
par son propre fait, empêcher le cessionnaire de
recouvrer la somme déboursée » (*Privil. et hyp.*,
t. I, n° 367, p. 562).

La réponse que M. Troplong donne à l'objection, qui fait obstacle à son système, n'est pas
parvenue à nous convaincre. Nous ne voyons pas
qu'il y ait mauvaise foi de la part du cédant à
toucher ce qui lui est dû ; d'autant plus que, par le
fait du transport qu'il a consenti, il y a désormais deux créances complètement indépendantes
l'une de l'autre.

Le cessionnaire, en outre, a fait une opération
qui, dans une certaine mesure, est aléatoire ; dès
lors, ce n'est pas la faute du cédant s'il ne rentre
pas dans ses déboursés, car il a consenti à courir
les risques de l'insolvabilité du débiteur.

Le cédant, par conséquent, ne diminue pas les
droits du cessionnaire, en qualité de cédant, mais
en qualité de créancier ordinaire du cédé ; quand
le concours s'établira entre eux, il n'y aura que
des créanciers subissant une réduction proportionnelle. Ajoutons que résoudre autrement la
question, serait créer, au profit du cessionnaire,
un privilège qui n'est écrit nulle part.

Nous avons dit que les créanciers du cédant sont
des tiers, car ils ont intérêt à connaître la cession
et à en contester la valeur.

Par conséquent, si antérieurement à la signification du transport, ils ont touché le montant de

la créance cédée ou si leur opposition a été validée par une décision judiciaire, le cessionnaire n'aura rien à leur réclamer ; il ne lui restera qu'une res - source, celle de recourir contre le cédant.

Mais supposons que les créanciers n'aient pas encore été désintéressés, au moment de la signifi- cation ; alors de deux choses l'une : ou ils n'ont pas fait saisie-arrêt sur le débiteur cédé, et la créance sera sortie définitivement de leur gage; ou ils ont pratiqué une saisie-arrêt, avant la signi- fication, et alors ils auront une situation qui n'offre pas de grandes difficultés. Nous ne tarde- rons pas à l'examiner.

Cependant la question se complique, quand la signification est faite entre deux saisies-arrêts. Il n'y a peut-être pas, dans le Code civil, un pro- blème qui ait donné lieu à plus de solutions con- traires ; aussi nous n'entrerons pas dans l'exa- men des systèmes trop nombreux qui ont été proposés sur ce point, et dont M. Barilliet disait, sans faire une exception en faveur du sien : « On voit donc combien sont grandes les incertitudes et les contradictions des auteurs et de la jurispru- dence sur la matière; et l'on conviendra avec moi, que parmi les divers systèmes proposés, s'il en est deux ou trois qui semblent approcher de la solution désirée, aucun n'est rigoureusement conforme aux principes : tous froissent plus ou moins le senti- ment du vrai que le jurisconsulte éprouve le besoin de satisfaire. » (*Revue pratique*, ann. 1862, p. 85).

En résumé nous avons à traiter deux questions, ayant entre elles des liens très-étroits :

1° Quel est l'effet d'une saisie-arrêt pratiquée par un créancier du cédant, entre les mains du débiteur, antérieurement à la signification du transport par le cessionnaire ?

2° Quel est l'effet d'une signification précédée et suivie d'une saisie-arrêt, adressée par deux créanciers du cédant ?

La difficulté vient tout entière de l'incertitude dans laquelle on se trouve sur l'étendue des effets produits par la saisie-arrêt. Dans notre ancien droit, il en était autrement, car la saisie-arrêt engendrait, au profit du premier saisissant un droit de préférence sur le second : « Après ces priviléges, le créancier premier arrêtant est préféré au second, le second au troisième » (Pothier ann. par Bugnet, t. X, p. 237, n° 513).

On voit donc comment se réglait le conflit entre le saisissant et le cessionnaire, dont la signification était tardive :

Si le créancier du cédant avait fait saisie-arrêt pour une somme égale à la valeur totale de la créance cédée, la signification ne produisait aucun effet ; le cessionnaire ne touchait absolument rien.

Si la saisie-arrêt avait pour objet une somme inférieure à la valeur de la créance, le cessionnaire n'avait droit qu'à l'excédant qui ne tombait pas sous le coup de la saisie.

Ces résultats démontrent amplement que la

seconde question que nous avons posée, ne pouvait pas se soulever. Car, à quoi aurait pu prétendre le créancier dont la saisie se serait produite postérieurement à la signification? A partager la somme allouée au premier saisissant? Mais non, puisque les premiers saisissants devaient être payés avant les autres. A la portion de la créance que le cessionnaire avait touchée, et dont la valeur correspondait à l'excédant des droits du premier saisissant? Non encore, puisque cette portion de la créance était sortie, à l'égard de tout le monde, du patrimoine du cédant, par le fait de la signification.

Malheureusement aujourd'hui, les résultats de la saisie-arrêt ne sont pas aussi nettement déterminés; aussi pensons-nous que le moyen le plus simple d'arriver à la solution des conflits, que nous avons supposés, est de bien les fixer tout d'abord.

En premier lieu, il est certain que la saisie-arrêt ne constitue pas, au profit du premier saisissant un droit de préférence sur les saisissants postérieurs.

En effet, les priviléges sont de droit étroit et doivent être expressément accordés par la loi. Or, nous ne trouvons aucune disposition qui nous autorise à préférer un premier à un second saisissant.

M. Mourlon toutefois n'accepte pas cette idée, dans toute sa rigueur; suivant lui, les opposants dont la créance est née postérieurement à des saisies-arrêts pratiquées par d'autres opposants, ne sont pas admis à concourir au marc le franc avec ces derniers, mais sont primés par eux. Expliquons-nous par un exemple : Pierre doit 10,000 fr. à Paul qui est débiteur de Jean pour une somme de 10,000 fr. Jean fait opposition entre les mains de Pierre ; or, si postérieurement à cette opposition, Jacques devient créancier de Paul pour 10,000 fr., est-ce que la saisie-arrêt pratiquée par lui entre les mains de Pierre sera opposable à Jean ? Non, dans l'opinion de M. Mourlon *(Examen crit.*, p. 67 et suiv.).

Nous préférons de beaucoup le système, d'ailleurs généralement adopté, et qui ne fait aucune distinction, car, comme le remarque, avec infiniment de raison, M. Colmet de Santerre : « Cette doctrine dénature en les exagérant les effets de la saisie-arrêt. C'est un acte qui ne met pas la créance saisie hors du patrimoine du saisi ; il a pour unique conséquence d'empêcher un payement, au détriment des droits du saisissant (article 1242). Il ne donne pas au saisissant la créance arrêtée, ni même un privilége sur cette créance. Dès lors, on ne pourrait, sans outre-passer les limites tracées par la loi, dépouiller du droit de saisir les créanciers postérieurs à la saisie ou un cessionnaire se présentant comme créancier. » (C. de Sant., t. VII, p. 191, nᵒ 137 *bis*, XI).

Notre conclusion est donc que les créanciers saisissants, quels que soient l'époque de la naissance de leur droit, et le moment de leur opposition, sont tous admis à une répartition proportionnelle des avantages de la créance saisie.

En second lieu, la saisie-arrêt ne frappe pas la créance d'une indisponibilité absolue ; dans notre ancien droit il en était différemment. C'est ce que nous dit Pothier (*loc. cit.*, n° 507, p. 235) : « L'effet de la saisie-arrêt est que, dès qu'elle est faite, la créance arrêtée étant mise sous la main de justice, celui à qui elle appartient, et pour le fait duquel elle est arrêtée, n'en peut plus disposer... »

Ce système était possible autrefois quand la propriété mobilière était sans importance ; aujourd'hui il serait un obstacle des plus graves à la circulation et par conséquent à la prospérité commerciale ; car une saisie-arrêt pratiquée pour une somme modique, empêcherait l'aliénation d'une créance considérable et immobiliserait des capitaux importants. Et du reste, à quels résultats n'arriverait-on pas ? On rendrait plus facile la transmission des immeubles que celle des biens mobiliers, puisque les droits réels qui grèvent la propriété immobilière n'empêchent pas d'aliéner. (M. Houyvet, *Revue pratique*, 1871, t. XXXI, p. 180.)

Mais, si le propriétaire de la créance n'est pas dépouillé de ses droits par l'opposition, si le tiers saisi ne perd pas *absolument* la faculté de payer son créancier, dans quelle mesure la saisie-arrêt agit-elle, quand la créance du saisissant a une valeur inférieure à celle de la créance saisie ? Pour la solution de cette question, deux systèmes ont été développés, celui de l'indisponibilité partielle et absolue, et celui de l'indisponibilité totale, mais relative.

1° *Indisponibilité partielle et absolue.* — Les auteurs qui attribuent cet effet à la saisie-arrêt font de la créance, frappée d'opposition, deux parts : la première, d'une valeur égale au montant de la créance du saisissant, et qui est absolument indisponible; la seconde comprenant l'excédant de la créance saisie, et qui est parfaitement disponible.

Dans ce système, sur la portion rendue indisponible par la saisie-arrêt, l'opposant ne serait pas seul à avoir des droits, mais il en serait encore ainsi de tous les autres opposants, dont la saisie serait postérieure même au transport de la créance.

Pour justifier cette manière d'envisager les effets de la saisie, on se fonde sur des arguments de texte : les art. 1242 et 1298, C. civ., portent en effet que le paiement ou la compensation ne peuvent avoir lieu au préjudice de la saisie-arrêt. Or, qu'est-ce à dire, sinon que la créance saisie est frappée d'indisponibilité, jusqu'à concurrence des droits du saisissant, et que l'excédant seul est susceptible de faire l'objet d'un transport ?

En outre l'art. 559 oblige le saisissant à déclarer dans l'exploit de saisie-arrêt, le montant de sa créance, ou d'en donner une évaluation, le chiffre est indéterminé. Une pareille mesure se comprend bien, dans le système de l'indisponibilité partielle, car la fixation requise des droits du saisissant sert à déterminer la limite dans laquelle la créance saisie cesse d'être disponible.

Enfin que nous dit la loi du 18 août 1807? « Les saisies-arrêts faites entre les mains des caissiers et dépositaires publics ne vaudront que jusqu'à concurrence des causes de l'opposition. » Il résulte bien clairement de là, que la créance saisie est immobilisée, au profit de l'opposant, dans les limites de la saisie-arrêt et que pour le surplus elle est libre des atteintes de l'opposition.

Au reste, il suffit à la justification de ce système, de se demander ce que devait raisonnablement faire le législateur, en présence des anciens principes sur l'indisponibilité absolue et totale produite par la saisie-arrêt : il devait se borner à en corriger la rigueur en mettant d'accord avec les nécessités plus pressantes aujourd'hui de la circulation commerciale, les règles d'autrefois.

Or, dans l'ancien droit, l'inconvénient capital de l'indisponibilité totale était, comme nous l'avons dit, d'immobiliser des sommes considérables, au profit de sommes souvent très-modiques. Il était donc naturel que le législateur actuel, sans bouleverser dans ses fondements l'ancien système, établît une égalité parfaite, au point de vue de l'indisponibilité, entre le chiffre des sommes arrêtées et le chiffre des sommes dues au créancier saisissant.

Avec ce tempérament le système de l'ancien droit devient parfaitement acceptable : ces idées sont consacrées par de nombreux arrêts. La Cour de Bourges nous dit : « Considérant qu'il faut reconnaître, suivant la jurisprudence aujourd'hui la plus accréditée : 1° que de la saisie-arrêt ne résulte, quant au capital saisi arrêté, qu'une indisponibilité partielle ne dépassant pas ses causes ; 2° que le débiteur peut valablement recevoir ou transporter la somme excédante. » (24 novembre 1865. Sir., 66-2-44. Comp. Orléans, 11 mai 1859, Sir., 59-2-534. Riom, 23 janv. 1862, Sir., 62-2-530. Caen, 15 mai 1871, Sir., 71-2-247).

2° *Indisponibilité totale et relative.* — Ce système que nous adoptons, pour notre part, a été magistralement exposé par M. Houyvet, dans l'article de la *Revue pratique*, dont nous avons eu occasion de parler. M. Demolombe l'a reproduit dans son *Traité des obligations* (t. IV, liv. III, titre III, ch. V, n° 208, p. 179).

On peut le résumer en quelques mots : en vertu de son opposition, le créancier acquiert le droit d'être payé pour le tout par le tiers saisi, si sa créance est inférieure à la somme arrêtée, sauf le cas où, par suite de nouvelles oppositions, et sans le fait du tiers saisi, il serait soumis à une réduction proportionnelle. Donc, quand le tiers saisi paie à son créancier l'excédant de la somme qui représente les causes de l'opposition et que de nouveaux opposants viennent ensuite diminuer, par leur présence, cette somme même qu'il avait réservée au premier saisissant, il est tenu de la parfaire sur ses propres biens.

Mais, s'il est responsable, en vertu du principe de l'indisponibilité totale, envers le saisissant, dont l'opposition est antérieure au payement qu'il a eu l'imprudence de faire entre les mains du saisi, il ne l'est pas envers les opposants postérieurs ; car l'indisponibilité est relative, c'est-à-dire établie exclusivement dans l'intérêt des saisissants antérieurs.

Faisons-nous comprendre par un exemple : Pierre et Jean sont tous deux créanciers de Paul d'une somme de 4,000 francs ; Paul de son côté a sur Jacques une créance de 10,000 francs. Pierre fait opposition de payement entre les mains de Jacques, jusqu'à concurrence des 4,000 francs dont il est créancier de Paul. Or, Jacques commet l'imprudence de payer à Paul les 6,000 francs qui dépassent la somme saisie-arrêtée, et postérieurement à ce payement, Jean fait une opposition nouvelle pour les 4,000 francs qui lui sont dus. Que va-t-il arriver? Pierre n'ayant pas acquis par sa saisie-arrêt, un droit de préférence sur Jean, devra partager avec celui-ci, puisque leurs créances sont égales, les 4,000 francs que Jacques lui avait destinés. Mais comme son opposition a eu pour effet de frapper en sa faveur d'indispo-

nibilité totale, la créance saisie, il sera en droit
d'exiger du tiers saisi les 2,000 francs qui lui ont
été enlevés par le concours de Jean.

Il en est autrement de ce dernier, car l'indisponibilité étant relative, c'est-à-dire, dans l'espèce, exclusivement favorable à Pierre, sa saisie-
arrêt n'a pu porter que sur les 4,000 francs qui,
au moment où elle était pratiquée, se trouvaient
encore dans le patrimoine du tiers saisi Jacques :
ce sera donc pour lui une perte de 2,000 francs.

L'idée de l'indisponibilité totale résulte de l'article 557, C. pr. : « Tout créancier peut saisir-ar-
rêter, entre les mains d'un tiers, les sommes ou
effets appartenant à son débiteur, ou s'opposer à
leur remise. » Or, la loi ne distingue pas entre la
saisie de la créance pour le tout ou pour partie ;
ce n'est pas à nous, dès lors, qu'il appartient de
faire une limitation qui serait la mutilation du
texte que nous venons de citer.

Nous accusera-t-on de subtilités dans l'intérêt
de notre cause? Mais la preuve que nous sommes
d'accord avec l'esprit de la loi, c'est qu'on nous
parle non-seulement de dettes de sommes d'argent, que les saisies peuvent frapper pour partie,
mais encore de *dettes d'effets*, c'est-à-dire de corps
certains, pour lesquels la division n'est pas possible. On ne comprendrait pas qu'un créancier fît
saisie-arrêt entre les mains du débiteur d'un dia-
mant, dont une partie par là même deviendrait

indisponible, tandis que l'autre partie serait disponible.

Et puis, notre système n'est-il pas conforme aux principes généraux sur la nature indivisible du gage (art. 2083), tel que l'hypothèque et le nantissement? Pourquoi en serait-il autrement, quand le gage donné par la saisie-arrêt est un droit de créance?

Toutefois cette indisponibilité totale est relative, car autrement on reviendrait au système du droit ancien, que personne, à notre connaissance, n'a essayé de reproduire, sous l'empire de notre législation. En effet, pour enlever au saisi le droit d'aliéner la créance et d'en recevoir le payement, il faudrait détruire, à son préjudice, le grand principe de l'art. 554, C. civ. : « La propriété est le droit de disposer de sa chose de la manière la plus absolue »; on créerait donc, dans l'espèce, une exception des plus graves, qui n'est pas expressément écrite dans la loi, aux règles fondamentales du régime de la propriété en France.

Le débiteur saisi peut donc aliéner la créance, le tiers saisi peut donc le payer, mais tout cela ne doit pas préjudicier au créancier opposant, lequel a toujours droit alors à des dommages-intérêts. A l'égard des autres personnes, ces opérations produisent la plénitude de leurs effets ordinaires.

Arrivons aux arguments en faveur du système opposé. Les art. 1242 et 1298, C. civ., qu'on invoque, ont-ils bien le sens qu'on leur attribue? Il

suffit de les lire pour se convaincre du contraire :
« Le payement fait par le débiteur à son créancier, au préjudice d'une saisie ou d'une opposition,
n'est pas valable à l'égard des créanciers saisissants ou opposants. (Art. 1242.) » « Ainsi, celui
qui étant débiteur, est devenu créancier depuis la
saisie-arrêt faite par un tiers entre ses mains, ne
peut. au préjudice du saisissant, opposer la compensation. (Art. 1298). »

Ces textes ne sont clairs que sur ce point, à savoir que le tiers-saisi ne peut plus se libérer au
préjudice du saisissant; or, n'est-ce pas ce que
nous avons soutenu? Et c'est en vain qu'on prétend que le législateur ne distingue pas entre les
créanciers saisissants, car, d'après sa rédaction, il
est évident qu'il parle des créanciers seulement
ayant pratiqué une saisie-arrêt antérieure au
payement. La disposition du texte équivaut à la
formule suivante : « Le payement fait par un
débiteur, au préjudice d'une saisie-arrêt, n'est
pas valable à l'égard de ceux qui l'ont pratiquée. »

Nous irons plus loin. En admettant même que
le sens de ces textes soit douteux, et c'est toute la
concession que nous puissions faire, il faudrait encore prendre parti contre nos adversaires. En
effet, ils n'essaieront pas de contester la valeur de
cette objection, à savoir que leur décision est très-
exceptionnelle, puisque, contrairement à l'art.
1165, la saisie-arrêt d'un créancier profite dans

leur système, aux autres créanciers dont l'opposition est tardive. Or, pour nous faire admettre cette
exception, il faudrait un texte qui n'existe nulle
part ; aussi est-ce à tort qu'on dit que la créance
est mise sous la main de justice, pour une partie
égale aux causes de la saisie. « Un auteur s'est
exprimé ainsi le premier, et presque tous l'ont
répété dans les mêmes termes, sans qu'aucun ait
fourni la moindre raison à l'appui de son alléga-
tion. » (Houyvet, *loc. cit.*, p. 188.)

L'art. 559 C. pr. et la loi de 1807 fournissent-ils
contre nous des arguments plus décisifs? Dans
l'art. 559 on impose au saisissant l'obligation de
déclarer la somme pour laquelle il est créancier
du saisi, mais la raison en est simple. Si le tiers
sur lequel la saisie a été pratiquée, ne tient pas
compte de l'opposition, il est juste qu'il sache
la mesure dans laquelle il est responsable vis-à-vis
de l'opposant. D'ailleurs, dans une autre matière,
le créancier hypothécaire n'a-t-il pas, lui aussi,
pour obligation de donner, dans son inscription,
le chiffre de sa créance? Et cependant, de l'aveu
de tout le monde, l'hypothèque porte sur toutes
les portions de l'immeuble qu'elle grève, bien que
la créance garantie soit de minime valeur.

Arrivons à la loi de 1807. La traduction que les
adversaires en donnent, est un contre-sens que
nous devons relever. Dire, en effet, que les saisies-
arrêts ne valent que jusqu'à concurrence des
causes de l'opposition, ce n'est pas, comme on le

prétend, rendre indisponible absolument, *erga
omnes*, une portion de la créance saisie, d'une
valeur égale à la valeur du droit des opposants;
c'est dire purement et simplement au tiers-saisi
que sa responsabilité vis-à-vis des opposants est
limitée aux causes de l'opposition. Telle est l'idée
très-simple de la loi de 1807.

Cette interprétation est si vraie, qu'en matière
de sûretés réelles, l'hypothèque ne vaut que jusqu'à concurrence des causes de l'inscription; et
cependant l'hypothèque n'est point, par là même,
réduite à une partie du fonds sur lequel elle porte.

En résumé, les effets de la saisie sont fort peu
compliqués, et nous ne comprenons pas, comme
dit très-bien M. Demolombe, qu'on se soit plu à
les obscurcir. Ils se réduisent à donner au saisissant une action en dommages-intérêts contre le
tiers saisi, dans le cas où ce dernier se serait dépouillé de la créance à son préjudice.

Ces principes bien établis, si nous les combi-
nons avec cette autre idée, que la signification des
cessions de créances est une condition nécessaire
pour opérer le transport à l'égard des tiers nous
ne craignons pas de dire que nos questions sont
résolues :

1re QUESTION : Pierre doit 10,000 francs à Paul,
qui, lui-même, est débiteur de Jean pour
10,000 francs. Jean fait saisie-arrêt entre les
mains de Pierre, et Jacques, cessionnaire de la
créance de Paul, fait aussi, mais ultérieurement,

à ce dernier, signification du transport. Que va-t-il se produire ? Appliquons nos principes :

Le cessionnaire n'évincera pas certainement le créancier opposant, puisque la signification de son droit est postérieure à la saisie-arrêt. Mais le créancier évincera-t-il le cessionnaire ?

Si le cessionnaire était créancier du cédant et qu'il eût fait opposition entre les mains du tiers déjà saisi une première fois, son opposition serait valable, car nous savons que la saisie-arrêt ne constitue pas, au profit du premier opposant, un droit de préférence sur le second. Or, toute la question se réduit à savoir si, dans les conditions que nous venons de déterminer, le cessionnaire de la créance saisie est créancier du cédant, et si la signification qu'il a faite au cédé est équivalente à une saisie-arrêt.

Sur le premier point, le doute ne nous paraît pas possible ; le cessionnaire est au moins créancier du cédant, car le transport-cession, comme la vente, entraîne l'obligation de faire délivrance de la créance (M. Colmet de Santerre, *loc. cit.*, nᵒ 137 *bis*, IX, p. 189). On doit donc l'admettre, comme tous les autres créanciers, à faire saisie-arrêt entre les mains du débiteur du cédant.

Le second point n'est pas moins certain ; la signification équivaut à une saisie-arrêt. Elle a deux aspects en effet : le premier relatif au débiteur cédé, lequel ne peut plus payer entre les mains du cédant ; à cet égard, la significations est

une sorte de saisie-arrêt ; le second relatif aux
autres tiers et qui n'a rien de commun avec l'opposition des créanciers saisissants. Il arrivera donc
que, dans notre hypothèse, Jean, créancier de
Pierre, et Jacques, cessionnaire de la créance,
prendront chacun 5,000 francs, puisque leurs
droits sont égaux.

2ᵉ QUESTION : Le conflit est plus grave quand la
signification de la cession se produit entre deux
saisies-arrêts. Pour le trancher, il importe de se
placer dans deux cas différents lorsque la cession
a pour objet ou la totalité ou seulement une partie
de la créance.

A. *La créance a été cédée tout entière.* Pierre
doit à **Paul** 30,000 francs : Paul, qui doit 15,000 fr.
à Jean et 15,000 fr. à François, cède à Jacques sa
créance sur Pierre.

Avant la signification du transport, Jean pratique une saisie-arrêt entre les mains de Pierre.
François fait de même, mais postérieurement à
la signification. Quelle va être la situation de ces
trois personnes relativement à la créance de
Pierre ? Si le conflit existait entre Jean et Jacques
seulement, sa solution serait bien simple ; nous
rentrerions en effet dans la première question que
nous avons tranchée.

Mais la présence de François est la source de
difficultés très-grandes. Les partisans de l'indisponibilité partielle raisonnent ainsi : Par sa saisie-
arrêt, Jean a mis sous la main de justice les 15,000

francs, montant de la somme jusqu'à concurrence
de laquelle il a fait opposition. Les 15,000 francs
non saisis ont été valablement transportés et par
conséquent sont devenus, depuis la signification
et pour le cessionnaire, une cause d'enrichissement
exclusif.

Sur cette dernière somme, François n'a donc
pas de prétentions à élever. Mais il en est autrement des 15,000 francs rendus indisponibles par
l'opposition de Jean ; ce dernier n'ayant pas de
droit de préférence à opposer à François, devra
subir son concours, et comme, dans notre espèce,
leurs droits sont égaux, ils toucheront chacun
7,500 francs (1).

Ce système conduit à des conséquences pratiques bien difficiles à justifier : d'abord, au moyen
de quel critérium distinguera-t-on la somme disponible de la somme indisponible? Il est possible
qu'une saisie-arrêt soit pratiquée entre les mains
d'un tiers, et cela sans fondement, sans droit ; la
créance sera-t-elle alors indisponible ? Evidemment non, mais si l'opposition est fondée, la portion indisponible sera-t-elle déterminée par la valeur réelle de la créance de l'opposant ou par la
somme énoncée dans l'exploit de saisie-arrêt? Tout

(1) Cette façon de calculer la part du cessionnaire, restreinte dans
notre hypothèse à 15,000 francs, a été consacrée par un arrêt de la
Cour de Caen du 15 mai 1871. — M. Houyvet la critique avec raison,
car le cessionnaire, ne touchant qu'une partie de la somme trans,
portée, reste créancier de la différence : pourquoi alors ne pas le
faire concourir sur elle avec les deux saisissants ?

cela est douteux et partage les défenseurs de l'indisponibilité partielle.

Il y a des résultats plus choquants encore. Reprenons notre exemple, en supposant que la créance de François, le dernier saisissant, soit garantie par un privilége. La somme rendue indisponible par l'opposition de Jean sera alors attribuée tout entière à François, puisque nous la supposons égale en valeur au montant de la créance privilégiée.

Et, chose étrange, la saisie-arrèt pratiquée à la requête de Jean aura produit un double effet, l'un préjudiciable au cessionnaire Jacques dont les droits auront été réduits de moitié, l'autre favorable au second saisissant François qui, sans elle, n'aurait rien touché et qui, par elle, se trouve complétement désintéressé. Quant à Jean, son opposition ne lui servira de rien ; il ne lui restera que la seule ressource d'admirer les merveilleux résultats que produit le système de l'indisponibilité partielle.

Ceux qui admettent avec nous le principe de l'indisponibilité totale et relative, arrivent à des conséquences autrement acceptables. Jean, par son opposition, acquiert le droit d'être payé sur la créance saisie ; sans doute ce droit peut être restreint par des saisies-arrèts nouvelles ; il peut même disparaître, quand les nouveaux opposants sont des créanciers privilégiés, et que leurs droits ont supérieurs au chiffre de la créance saisie.

Mais le tiers saisi n'est plus admis à se libérer au préjudice de l'opposant par un payement entre les mains du saisi ; de même le transport que fait le saisi de la créance qui n'est pas encore signifiée au moment de l'opposition ne préjudicie pas à l'opposant.

Toutefois, comme ce dernier n'a pas un droit de préférence et que le cessionnaire est au moins un créancier ordinaire, il s'établit un concours par suite duquel chacun d'eux subit une réduction proportionnelle.

Que si le cessionnaire, dans ses rapports avec le premier saisissant, est considéré comme créancier opposant, dans ses rapports avec les autres créanciers, il est un véritable cessionnaire.

Appliquant ces idées, nous raisonnerons ainsi : Jean, créancier de 15,000 francs, ne sera pas évincé des avantages de la créance saisie, par la cession consentie à Jacques ; mais Jacques ne sera pas réduit à prendre les 15,000 francs qui sont l'excédant de la créance de Jean ; en effet, par rapport à celui-ci, il est créancier saisissant, pour une somme égale à la somme saisie, c'est-à-dire pour 30,000 francs. Il prendra donc 20,000 francs tandis que Jean aura 10,000 francs seulement.

Et maintenant quels avantages François retirera-t-il de son opposition tardive? Absolument aucun ; en effet, au moment où il a arrêté la créance, cette dernière n'était plus dans le patrimoine de son débiteur, et, par suite, avait disparu de son gage.

Donc, notre avis, dans le cas d'une cession de la totalité de la créance, est que le saisissant postérieur à la signification n'a absolument aucun droit, puisque l'opposition porte sur un bien qui n'appartient plus à son débiteur.

C'est à cette solution que conduisent les idées que nous avons données sur l'indisponibilité relative, résultant de la saisie-arrêt. Et cependant M. Colmet de Santerre qui, sur ce point, semble d'accord avec nous (t. V, n° 181 *bis*, IV, p. 338), arrive à une autre conclusion.

La raison de cette divergence vient, croyons-nous, de ce que notre savant maître a posé la question dans les termes suivants : Le système le meilleur est celui qui respecte ce principe fondamental du droit, à savoir que les actes d'une personne ne doivent pas profiter à un tiers (Colmet de Sant., t. VII, n° 137 *bis*, XII, p. 192). Or, dans le système que nous avons défendu, le premier saisissant bénéficie de la cession, puisque, sans elle, il subirait le concours du deuxième saisissant ; il faut, dès lors, trouver un autre résultat. Aussi, dans l'opinion de notre savant maître :

1° On calcule tout d'abord fictivement ce qui reviendrait au premier saisissant Jean, au cas où il concourrait avec Jacques et François, lesquels, à son égard, sont des créanciers opposants ;

on arrive alors à un chiffre de 7,500 francs, que Jean doit garder, mais non voir augmenter.

2° Jacques étant, dans ses rapports avec François, cessionnaire de la créance et créancier saisissant dans ses rapports avec Jean, prendra sur la créance la somme de 20,000 francs, comme si François n'existait pas.

3° François aura droit alors à la différence entre le chiffre de 7,500 francs qui doit rester à Jean, et celui de 10,000 francs sur lequel le cessionnaire n'a pas de prétentions à élever; il touchera donc 250 fr. que Jean ne pourrait garder sans bénéficier de la cession.

Ce système fort ingénieux, développé avec beaucoup d'autorité par M. Colmet de Santerre, nous a longtemps séduit ; nous l'avons même reproduit au concours de licence de 1875, mais nous croyons devoir l'abandonner aujourd'hui.

En effet, nos contradicteurs commettent la faute qu'ils nous reprochent, puisqu'ils font bénéficier François de la présence de Jean. Qu'arriverait-il, au cas où la saisie-arrêt de Jean n'aurait pas été pratiquée ? Le cessionnaire, ayant signifié le transport antérieurement à l'opposition de François, ce dernier serait évincé pour le tout ; les 250 francs que nos adversaires lui accordent sont donc dus en totalité à la présence de Jean. D'où nous concluons que, dans le système qu'on nous oppose, comme dans celui que nous avons adopté, l'un des saisissants profite d'un acte qui n'est pas le sien.

Il faut choisir alors entre l'intérèt du créancier diligent qui a conservé ses droits et l'intérêt du créancier négligent dont l'opposition est tardive. Nous préférons de beaucoup le premier créancier et nous pensons que le profit qu'il retire du fait de la cession est très-légitime. La même situation se présente en effet tous les jours, et ne soulève pas de difficultés. Un créancier hypothécaire primé par un privilége non inscrit, profite bien de la vente de l'immeuble, si le privilége est purgé.

Allons plus loin: dans la matière même dont nous nous occupons, quand, après une saisie-arrêt, le tiers saisi paie à son créancier la totalité de la dette, l'opposant a contre lui un recours en dommages-intérêts, dont l'étendue ne peut être diminuée par les saisies-arrêts postérieures au paiement. A ce point de vue, il bénéficie donc de la faute du tiers, puisque sans elle, les oppositions postérieures auraient réduit ses droits sur la créance saisie. Pourquoi en serait-il autrement, quand le tiers cesse d'être débiteur du saisi par le fait du transport de la créance?

En définitive, nous supprimons d'une façon très simple et, suivant nous, très logique, les difficultés qui viennent du concours du deuxième saisissant avec le premier, quand la cession porte sur la totalité de la créance saisie. Dans la seconde hypothèse, que nous allons étudier, et où nous

supposerons une cession partielle de la créance
saisie, nous nous heurterons à des complications
plus grandes.

B. *La créance a été cédée pour partie.* — Pour
nous placer dans cette hypothèse, nous n'avons
qu'à supposer Jacques cessionnaire, non plus de
la créance tout entière, mais de la moitié seulement, 15,000 francs, dans l'espèce. Or, quand se
produit l'opposition de François, le tiers saisi est
toujours débiteur du saisi, pour 15,000 francs tout
au moins, puisque Jacques n'est qu'un cessionnaire partiel. François ne peut donc pas être éli-
miné, comme dans le cas où la totalité de la créance
est sortie du patrimoine de son débiteur.

Mais alors quels vont être ses droits? Si Jean,
Jacques et François étaient des créanciers saisissants, comme le chiffre de leurs droits est le
même, et que la créance saisie est de 30,000 francs,
ils toucheraient chacun 10,000 francs.

Cette somme est bien celle que Jean peut exiger, puisqu'à son égard, le cessionnaire Jacques
est un créancier saisissant. Mais il en est différemment de François, son opposition n'ayant
frappé que sur les 15000 francs qui n'ont pas été
transportés.

Ceci posé, une première répartition aura lieu
entre Jean et Jacques. Celui-ci ayant une créance
de 15,000 francs ne pouvant être diminuée que
par la présence du premier saisissant, dont les
droits sont également de 15,000 francs, il sera dé-

sintéressé pour le tout, car la somme saisie, nous l'avons supposé, s'élève au chiffre de 30,000 francs. Quant à François, son droit se bornera alors à demander à Jean les 5,000 francs qui dépassent la somme de 10,000 francs, à laquelle ce dernier a pu légitimement prétendre, Jacques et François n'étant à son égard que des créanciers saisissants.

Ainsi, dans le cas où la cession de la créance est partielle, nous nous rapprochons du système de M. Colmet de Santerre, et nous nous séparons du système de M. Houyvet, que nous avions suivi jusqu'ici. Suivant ce dernier auteur, l'opposition de François, ayant porté sur une somme de 15,000 francs, il doit pouvoir exiger la moitié de cette somme, puisque sa créance de 15,000 francs est réduite par le seul concours de la créance égale de Jean. Et comme ce dernier a droit, ainsi que nous l'avons dit, à 10,000 fr. et non aux 7,500 fr. qui lui restent, après le désintéressement de François, on lui accorde un recours de 2,500 francs contre le cessionnaire ; c'est le cessionnaire en effet qui lui cause ce préjudice, car s'il avait été véritablement un créancier saisissant, Jean aurait touché intégralement les 10,000 francs qui lui sont dus.

Ce qui nous fait repousser ce système, c'est que, par des moyens indirects, on cause au cessionnaire un préjudice déterminé en définitive par une saisie-arrêt postérieure à la signification du transport.

Pour nous, la question se pose autrement :
1° Quels sont les droits de Jean? 10,000 francs,
car il vient en concours sur une créance de 30,000
francs avec Jacques et François, lesquels étant à
son égard des créanciers opposants, ont des droits
égaux aux siens.

Quels sont les droits de Jacques? 15,000 francs,
puisque cessionnaire de la moitié de la créance,
les saisies-arrêts pratiquées postérieurement à la
signification du transport sont, quant à lui, non
avenues, et que la saisie antérieure de Jean, dont
les effets seuls lui sont opposables, n'est pas *par
elle-même* un obstacle dans la répartition de la
créance à cette collocation.

Quels sont les droits de François? Evidemment
les 5,000 francs qui restent.

Et qu'on ne dise pas que nous créons un privilége en faveur de Jean, au préjudice de François,
car les 5,000 francs que ce dernier touche en moins
ne profitent pas à Jean, mais à Jacques : En d'autres termes, c'est une conséquence de la cession
et non de la première saisie-arrêt. Le cessionnaire
ne saurait être victime d'une opposition intervenue postérieurement à sa signification ; ce qu'il a
touché lui était dû. D'autre part, le premier saisissant ne saurait être responsable d'un préjudice
que le cessionnaire a fait courir légitimement, à
notre avis, par sa signification au deuxième saisissant François. Par le fait de sa négligence, ce
dernier perd une portion de ses droits, ce qui

nous paraît juste, car il aurait dû agir plus vite
et imiter la diligence du créancier Jean.

Nous avons terminé l'examen des deux graves
questions, se rattachant au conflit soulevé entre
une signification et des saisies-arrêts. En résumé :

1° Quand un saisissant est en conflit avec un
cessionnaire, soit total, soit partiel, mais dont la
signification a été faite postérieurement à l'opposition, le cessionnaire est traité comme un autre
saisissant ; par conséquent, la valeur de la créance
saisie est répartie entre eux, proportionnellement
à leurs droits.

2° Quand la signification se place entre deux
saisies-arrêts, il faut distinguer. Le transport de
la créance a-t-il été fait pour le tout, le deuxième
saisissant n'a rien à prétendre, son opposition
ayant été pratiquée entre les mains d'une personne qui n'avait plus qualité pour la recevoir.

Le transport de la créance a-t-il été fait pour
partie, le premier saisissant prendra la somme
qui lui aurait été allouée, dans une collocation
avec deux autres saisissants. Le cessionnaire touchera une somme égale à celle qu'il aurait, dans
le cas où le deuxième saisissant n'existerait pas.
Le deuxième saisissant sera réduit au surplus.

§ 3.

Limites apportées aux conséquences de la viola-
tion des règles de l'art. 1690.

Bien que la signification n'ait pas encore eu lieu,
le cessionnaire est propriétaire de la créance dans
ses rapports avec toutes les personnes qui ne rentrent pas dans l'énumération des tiers, telle que
nous l'avons faite. De là plusieurs applications :

1° Il peut, avant la signification, faire de son
côté le transport de la créance, et le nouveau cessionnaire ne sera pas admis à invoquer plus tard
contre lui pour en faire tomber les effets, que les
formalités de l'art. 1690 n'avaient pas été observées au moment de la cession.

2° Il a qualité pour prendre les mesures conser-
vatoires de son droit avant toute signification.
C'est ainsi que nous avons vu plus haut, sous la
définition du mot « tiers », que le cessionnaire a
qualité pour pratiquer une opposition entre les
mains du débiteur du tiers saisi, et pour former
une surenchère du dixième, dans les termes de
l'art. 2185. Ajoutons qu'il peut faire inscrire
l'hypothèque attachée à la créance cédée avant
d'avoir accompli les obligations de l'art. 1690.
(Paris, 13 ventôse an XIII; Sir., 5-2-556; cass.,
25 mars 1816; Sir., 16-1-233; cass., 31 août 1819;
Sir., 19-1-450; Bourges, 12 février 1841; Sir., 41-
2-617.) Nous n'avons pas besoin d'ajouter que ces
idées ne sont pas admises par les partisans du

système qui comprend, sous la qualification de tiers, toutes les personnes, *sans distinction*, ayant intérêt à contester la cession (Troplong, *loc. cit*, n° 893 et suiv.). Au reste, nous avons suffisamment, ailleurs, combattu cette manière de voir, pour qu'à cet égard nous n'ayons pas à insister davantage.

3° Le débiteur cédé pourrait opposer sa libération résultant d'une cause de compensation, ayant pris naissance de son chef dans ses rapports avec le cessionnaire, même antérieurement à la signification. Exemple : Pierre, créancier de Paul, cède sa créance à Jean, qui, sans la signifier, la transporte à Jacques... Paul sera en droit de repousser ce second cessionnaire, si, dans l'intervalle compris entre la première et la seconde cession, il est devenu créancier de Jean. C'est en vain que Jacques arguerait du défaut de signification pour prétendre que la compensation n'a pas eu lieu, car Jean seul ici *dans son intérêt*, a qualité pour se prévaloir de l'inaccomplissement des formes de publicité.

4° Le débiteur cédé, même antérieurement à la signification, peut se prévaloir de la cession, à l'effet de repousser les poursuites exercées contre lui par le cédant. Ce dernier en effet n'est plus créancier, et s'il pouvait forcer le débiteur à se libérer entre ses mains. il profiterait du défaut de signification. Mais quel intérêt le débiteur a-t-il à repousser l'action du cédant ? Le paiement qu'il

ferait, ne serait-il pas libératoire ? Le plus souvent cela arrivera, toutefois, le contraire est possible ; en effet, si nous nous plaçons dans l'hypothèse d'une acceptation verbale par le débiteur,
nous savons que la cession lui sera opposable.

Et en dehors de ce cas, le cédé a toujours intérêt à contester le droit du cédant, car peut-être
n'est-il pas en mesure de se libérer immédiatement; peut-être a-t-il compté sur des délais que
la bienveillance du cessionnaire lui a permis d'es-
pérer.

Enfin décider autrement, en se fondant sur
l'art. 1691, serait aller directement à l'encontre
de l'esprit de la loi ; car on retournerait contre le
débiteur cédé une faculté qui a été introduite en
sa faveur. Nous avons vu, dans les premières
pages de cette étude, que l'ancien droit suivait sur
ce point un système opposé ; c'était à cette conséquence que devaient logiquement conduire les anciens principes, car le cédant demeurait propriétaire de la créance jusqu'au moment de la
signification du transport. (Art. 108. *Cout. de Pa-*
ris). Chez nous les règles sur la translation de la
propriété des créances, ne sont plus les mêmes, et
par conséquent les résultats doivent être différents. (Alger, 16 mars 1868, Sir., 68, 2, 244,
Cass., 19 janvier 1869, Sir., 69, 1, 296).

5° Le débiteur cédé ne peut, à raison du défaut
de signification, se soustraire aux poursuites
exercées contre lui par le cessionnaire. Il suffit, en

effet, de consulter l'esprit de la loi, pour arriver à cette conclusion ; le cédé est admis à objecter le défaut de signification, toutes les fois que l'ignorance de la cession lui aura préjudicié.

Or, ici nous supposons qu'il est actionné par un cessionnaire en paiement d'une dette, dont il ne s'est pas encore libéré entre les mains du créancier originaire. La seule chose qu'il puisse raisonnablement exiger est la preuve du droit que le demandeur prétend tenir contre lui du fait du transport. (MM. Aubry et Rau, t. IV, § 359 bis, p. 434).

Cette proposition souffre pourtant exception, en matière de saisie immobilière : « Le cessionnaire d'un titre exécutoire ne peut poursuivre l'expropriation, qu'après que la signification du transport a été faite au débiteur. » L'art. 2214 qui s'exprime ainsi justifie notre manière de voir ; du moment en effet que la signification est nécessairement exigée pour permettre au cessionnaire d'un titre exécutoire de poursuivre l'expropriation, elle ne l'est pas dans les autres cas.

6° Quand par le défaut de signification, le cessionnaire perd la créance à lui transportée, il a contre le cédant un recours en garantie.

Ainsi, le débiteur a-t-il payé entre les mains de ce dernier la totalité de la dette, le cessionnaire évincé l'actionne pour le chiffre total de la créance. Mais qu'arrivera-t-il dans l'hypothèse suivante ? Pierre cède à Jean et ensuite à Jacques une créance qu'il a sur Paul. Le second cessionnaire Jacques fait sa signification avant Jean et par conséquent de préférence à celui-ci, il devient propriétaire de la créance. Mais Paul est insolvable, et comme Pierre ne garantit que l'existence du droit, Jacques est sans recours contre lui.

Or, en sera-t-il de même du cessionnaire négligent? Pierre sera-t-il admis à prétendre, pour se soustraire à l'action de Jean, qu'il ne lui a causé aucun préjudice, le cédé étant insolvable? Nous ne le pensons pas, car Jean ne base pas son recours sur la prétendue obligation de Pierre de garantir la solvabilité de Paul, mais sur le fait du cédant. Ce fait lui préjudicie certainement, puisqu'il a enlevé de son patrimoine un droit, qui, sans doute, à raison de circonstances momentanées, est paralysé dans ses avantages par l'insolvabilité du cédé, mais qui n'en existe pas moins; d'un moment à l'autre, en effet, il peut recouvrer sa valeur perdue en fait, et dans tous les cas être vendu, c'est-à-dire procurer à son propriétaire, une somme d'argent, plus ou moins importante.

Mais quelle sera l'étendue du recours? Le cédant ne devant pas profiter de la faute commise contre le premier cessionnaire Jean, devra lui rembourser le prix de cession et lui payer des dommages-intérêts, dont le chiffre sera, d'après les circonstances, déterminé par les tribunaux.

On voit par ce que nous venons de dire, que le cessionnaire diligent sera plus maltraité, au point

de vue du recours contre le cédant, que le cessionnaire négligent. C'est un résultat étrange, mais
dont il ne faut pas s'exagérer l'importance. Le
plus souvent, en effet, et dans la pratique ordinaire des choses, l'action dirigée contre le cédant
n'aboutira pas, car le fait de recourir, pour se procurer de l'argent, à la vente successive d'une même
créance est le signe le plus certain de l'insolvabilité.

§ 4.

*Perte totale ou partielle de la créance résultant de
l'inaccomplissement de la formalité de la transcription, requise par la loi du 23 mars 1855.*

La cession de loyers futurs d'un immeuble pour
moins de trois années, n'est pas, après la transcription de la saisie, opposable, comme nous l'a-
vons vu, aux créanciers hypothécaires inscrits antérieurement à la signification. La raison est
qu'au moment du transport, les créanciers avaient
déjà un droit conditionnel sur les fruits civils non
échus, droit qui, au jour où la saisie est transcrite,
rétroagit à la date de l'inscription de l'hypothèque. Mais la cession est opposable aux créanciers
inscrits postérieurement à la signification.

Quand la cession a pour objet plus de trois années de loyers à échoir, la loi de 1855 exige, dans
l'intérêt de la publicité, la formalité supplémen-

taire de la transcription. Ceci posé, examinons les hypothèses qui peuvent se présenter :

1º Le cessionnaire des loyers à échoir pour une urée supérieure à trois ans, et qui n'a pas fait transcrire le transport, se trouve en conflit avec des créanciers chirographaires.

Dans ce cas, rien n'est changé par la loi de 1855 ; les créanciers du cédant n'ont eu aucun droit sur les fruits à venir, au moment du transport, et ne peuvent se prévaloir du défaut de transcription, puisque cette formalité a été prescrite dans l'intérêt des tiers, ayant acquis et conservé, conformément aux lois, des sûretés réelles sur l'immeuble loué.

Nous dirons donc que le conflit se résoudra en faveur du cessionnaire contre les créanciers du cédant ; dans l'espèce, l'inaccomplissement de la formalité de la transcription n'entraînera pas contre le cessionnaire négligent, la perte de sa créance.

2º Le cessionnaire a fait la transcription du transport, postérieurement à la convention d'hypothèque, mais antérieurement à son inscription. Ici encore on ne peut pas prétendre que le créancier hypothécaire a qualité pour dénier à la cession ses effets, puisqu'au moment de l'inscription qui fait la valeur de l'hypothèque la transcription du transport était déjà réalisée.

3º Le cessionnaire a fait transcrire son droit entre deux inscriptions hypothécaires.

Dans ses rapports avec le premier créancier inscrit, il ne peut se prévaloir de la cession. Dans ses
rapports avec le second créancier inscrit, le transport, quelle qu'en soit l'étendue, est opposable
d'une façon absolue. Ces idées ne sont pas admises
sans contestation. On est parfaitement d'accord
avec nous, car le doute n'est pas possible, sur les
effets produits par la transcription de la cession
à l'égard des créanciers du cédant, postérieurement inscrits; le transport reçoit son exécution
totale à leur encontre.

Mais là où les divergences se produisent, c'est
sur la question de savoir si une cession de quatre
années de loyers à échoir est, quoique non transcrite, opposable pour une durée de trois ans aux
créanciers antérieurement inscrits, si d'ailleurs
l'inscription est postérieure à la signification du
transport.

Des auteurs considérables (MM. Rivière et
François; Explicat. de la l. du 23 mars 1855,
n° 51. M. Pont, *privil. et hyp.*, n° 368, p. 361)
pensent que la cession doit être réduite, à l'égard
des créanciers antérieurement inscrits à la transcription, dans la mesure où elle serait valable,
sans le secours de cette dernière formalité.

Nous ne pouvons partager cet avis et nous nous
rallions entièrement à la doctrine de M. Mourlon:
« Les actes non transcrits sont tenus inexistants à
l'égard des tiers. Tel est le principe. La loi y dé-
roge, il est vrai, quant aux baux ; mais les excep-

tions étant de droit étroit ne s'étendent point à pari d'un cas à un autre. L'analogie qui sert de point d'appui au système contraire est d'ailleurs très contestable. Le préjudice que le bail, réduit à 18 années, peut causer aux tiers qui sont obligés de l'entretenir, est peu grave, car s'ils sont momentanément privés des fruits naturels de l'immeuble passé dans leur domaine, au moins en ont-ils les revenus civils. Les payements ou cessions de loyers à venir, sont au contraire désastreux pour l'acquéreur auquel on les oppose. Il doit, il est vrai, les subir quoique non transcrits, lorsqu'ils n'embrassent point trois années de jouissance, mais s'il en est ainsi, c'est qu'à raison de la modicité de la somme qu'ils ont pour objet, la loi suppose qu'ils ont été le résultat d'arrangements légitimes. Elle les tient au contraire pour suspects, quand ils ont été effectués pour absorber des sommes considérables. Or quelle contradiction n'y aurait-il point à les maintenir pour partie, alors qu'ils sont suspects pour le tout?... » (Traité *de la transcript.*, n° 503, p. 137. Dans le même sens v. Troplong, *transcript.*, n° 212, Duvergier, *collect. des lois*, 1855, p. 65, note 1. Gauthier, *transcript.*, n° 187. Riom, 11 décembre 1860, Sir. 62-2-415).

CHAPITRE IV

DU PRINCIPE QUE LE CESSIONNAIRE QUI S'EST CON-
FORMÉ AUX RÈGLES DE FOND ET AUX RÈGLES DE
FORMES EST, PAR RAPPORT A LA CRÉANCE, DANS
UNE POSITION IDENTIQUE A CELLE DU CÉDANT
ANTÉRIEUREMENT AU TRANSPORT.

Nous avons dit que la cession, valablement
faite, donne au cessionnaire la créance telle qu'elle
existe dans le patrimoine du cédant. C'est ce que
nous laisse entendre l'art. 1692 : « La vente ou
cession d'une créance comprend les accessoires de
la créance, tels que caution, privilége et hypothèque. » Mais ce principe souffre des exceptions ;
tantôt le cessionnaire est dans une position meilleure que le cédant, tantôt il est dans une position
plus mauvaise. Pour le moment laissons de côté
les exceptions et voyons les conséquences de la
règle :

A. Outre les sùretés réelles, dont le cessionnaire
peut se prévaloir contre le débiteur, quand ces
sùretés sont attachées à la créance, il est en droit
de demander pour cause d'inexécution des conditions (art. 1185 et 1654), la nullité du contrat générateur de l'obligation transportée. Ceci a été
admis, sans aucune difficulté et avec beaucoup de
raison par la jurisprudence (Poitiers, 13 mai 1846,
Sir., 47, 2, 416; Cassat., 15 juin 1864, Sir., 64, 1,
497);

B. Le cessionnaire a comme le cédant, le droit de réclamer les intérêts de la créance cédée, car « accessorium principale sequitur. » Et ce droit ne se borne pas aux intérêts à échoir, mais encore aux intérêts échus, antérieurement au transport.

On invoque contre cette dernière solution l'article 586 qui pose le principe de l'acquisition des fruits civils jour par jour, en matière d'usufruit ; ainsi le droit d'usufruit venant à cesser le 1er mars 1877, le propriétaire rentrant en possession du fonds n'a pas droit aux fruits civils échus à ce moment.

Mais il est bon de remarquer que cette règle est faite pour un cas absolument différent du nôtre ; en ce qui concerne le transport des créances, il en doit être autrement ; les intérêts échus ou non échus sont une conséquence de la créance et par conséquent appartiennent au cessionnaire.

Ajoutons toutefois que ceci n'a d'application, que dans l'hypothèse où l'intention commune des parties ne ressort pas des circonstances. Le juge devra rechercher avant tout quelle a été en fait la volonté des contractants et, dans le doute, suivre la loi d'interprétation donnée par l'art. 1602, c'est-à-dire trancher la question en faveur du cessionnaire et contre le cédant. (Dalloz, *Vente*, nos 1715 et 1828.)

C. Le cessionnaire est soumis à la résolution de son droit, quand l'origine de la créance est entachée d'un vice. Supposons que Paul, sous l'empire de l'erreur, de la violence ou du dol, ait contracté envers Pierre une dette de 10,000 francs ; si Pierre cède sa créance à Jacques, ce dernier sera soumis comme son auteur à l'action en rescision du contrat.

D. Le cessionnaire qui a touché le prix de la créance, dans des conditions où le cédant aurait été soumis, de la part du débiteur à une *condictio indebiti*, sera pareillement tenu d'une action en répétition. M. Héan, dans un savant article de la *Revue pratique* (t. XIV, ann. 1862, p. 398) a soutenu le contraire, en se fondant sur une idée complétement fausse à notre avis : « Qu'est-ce qu'un cessionnaire? C'est le représentant du cédant, un mandataire irrévocable comme l'enseignent Pothier, Rousseaud de Lacombe, etc... Celui qui a transporté la créance en reste toujours le titulaire, et son cessionnaire n'obtient qu'une action utile pour s'en appliquer le résultat. » Le principe posé, M. Héan arrive facilement à conclure que le cessionnaire, ayant agi au nom du cédant, n'est soumis à aucune action en répétition ; c'est le créancier originaire seul, le mandant, dans l'espèce, qui est responsable du paiement de l'indû.

Mais ce mandat, dont M. Héan affirme l'existence, n'a pas, dans notre législation, sa raison d'être ; nous l'avons amplement démontré. Par conséquent, le système croule tout entier par sa base ; d'ailleurs il serait injuste de le regretter, car, à vrai dire, ses conséquences pratiques n'étaient pas heureuses.

Supposons, en effet, qu'une prétendue créance de 50,000 francs ait été vendue à Jacques. Le débiteur Paul, après s'être acquitté, entre les mains de Jacques, de la dette intégrale, découvre qu'elle n'existait pas. Que va-t-il arriver ? Si Jacques est le mandataire de Pierre, c'est ce dernier seul, en sa qualité de mandant, qui sera actionné en restitution des 50,000 francs. Or, il est possible qu'il soit insolvable et que le cessionnaire Jacques jouisse en paix d'un argent qui ne lui appartient pas : ceci nous semble d'une moralité douteuse (Paris, 5 février 1848, Sir., 48, 2, 155, *Contra* : Colmar, 21 juillet 1812, Sir., 13, 2, 241).

Nous arrivons maintenant aux exceptions que nous avons annoncées :

A. Le cessionnaire est dans une position meilleure que le cédant quand le débiteur ne peut pas lui opposer les exceptions au moyen desquelles il aurait repoussé celui-ci.

Nous avons fait allusion à ce cas quand nous avons parlé de la formalité de « l'acceptation, » requise par l'art. 1690. Précisons à nouveau l'hypothèse : Le cédé accepte le transport d'une créance qu'il *sait* être éteinte par le fait d'une compensation réalisée à son profit dans ses rapports avec le cédant ; postérieurement à l'acceptation, qui détermine, à son égard, la transmission de la créance au cessionnaire, il ne peut arguer de sa libération. Donc, à ce point de vue, le cessionnaire est dans une meilleure position que le cédant.

C'est ce que nous dit l'art. 1695 : « Le débiteur qui a accepté purement et simplement la cession qu'un créancier a faite de ses droits à un tiers, ne peut plus opposer au cessionnaire la compensation qu'il eût pu, avant l'acceptation, opposer au cédant. » Ce texte, comme on le voit, ne distingue pas, ainsi que nous l'avons fait, entre le cas où le cédé connaissait ou non la cause de compensation, réalisée à son profit, dans ses rapports avec le cédant.

Sans discuter ici la question que fait naître cette rédaction, suivant nous trop absolue dans les termes, nous nous contenterons de renvoyer nos lecteurs à un article fort remarquable de M. Mourlon, dont nous acceptons sur ce point toutes les idées, et qui a paru dans le t. XVIII, p. 500 de la *Revue pratique de droit Français*.

Quoi qu'il en soit, on peut dire que, dans le cas d'une compensation, le cessionnaire, dont le transport a été accepté, est dans une situation meilleure que le cédant. Mais faut-il étendre cette solution à toutes les causes d'extinction de l'obligation? En d'autres termes, le débiteur cédé qui a accepté le transport, pourra-t-il opposer au cessionnaire une cause de libération, autre que la compensation, et qu'il savait exister à son profit ?

Nous pensons que la disposition de l'art. 1295 n'a pas un caractère exceptionnel et qu'elle peut être étendue à des cas différents. L'acceptation eu effet, quand on va au fond des choses, est la reconnaissance du droit du cessionnaire, faite par le débiteur qui dès lors prend envers lui un engagement à nouveau.

Il faut donc considérer l'art. 1295, non pas comme une exception, mais comme une application des principes généraux. Ce serait en effet, une anomalie des plus graves, que le cédé ne fût pas admis à opposer au cessionnaire une cause de compensation, lui ayant procuré dans ses rapports avec le cédant une libération totale.

Mais alors pourquoi le législateur s'est-il exprimé, dans le cas seulement de la compensation? Nous pensons qu'il l'a fait, pour éviter de la part des interprètes, le raisonnement suivant: L'acceptation d'une cession peut être tout au plus considérée comme la ratification du contrat générateur de la créance cédée. Si donc le contrat est vicié, l'acceptation aura pour effet d'en couvrir les vices et d'empêcher la nullité. Mais quand l'obligation n'existe plus, parce qu'une compensation réalisée au profit du débiteur, l'a éteinte, la ratification n'a plus d'objet. On ne ratifie pas le néant.

Ainsi, suivant nous, la loi est allée plus loin ; par sa solution de l'art. 1295, elle a affirmé cette idée à nouveau, que l'extinction des obligations, par la compensation, étant fondée sur l'interprétation de la volonté des parties, ne se produit plus dès que cette volonté est assurément contraire.

Quand le débiteur, après avoir payé son créancier, accepte la cession de la créance éteinte, l'acceptation engendre contre lui une obligation nouvelle qui a sa cause dans le dol qu'il occasionne au cessionnaire.

B. Le cessionnaire est encore dans une position meilleure que le cédant, quand ce dernier est majeur et que lui est mineur. La prescription libératoire du débiteur qui courait avant, sera suspendue après le transport, en faveur du cessionnaire (*Revue pratique.* 1858, p. 147, M. Bodin).

C. A l'inverse, la prescription suspendue en faveur du cédant mineur, courra contre le cessionnaire majeur. Ici, la position de ce dernier sera plus mauvaise que celle du cédant. »

D. Le cessionnaire n'est pas admis à exercer les actions en nullité ou en rescision que pouvait exercer le cédant. En effet, il est impossible de considérer ces actions comme une véritable dépendance de la créance ; elles sont un privilége purement personnel et non nécessairement transmissible avec la créance. Le cédant peut avoir, en effet, des raisons pour ne pas les exercer, et on ne comprendrait pas alors que, par le fait seul de la succession du cessionnaire dans ses droits, celui-ci pût s'en prévaloir.

Cependant, comme aucun texte ne défend au cédant de s'en dessaisir d'une façon expresse, les parties ont qualité pour s'entendre à cet égard ; ainsi, Pierre ayant fait un contrat, sous l'empire de la violence, n'est pas déchu du droit de céder, avec la créance, résultant du contrat, et par une convention spéciale, l'action en nullité qui lui compète. Une clause particulière ne serait pas même nécessaire, si d'ailleurs il était certain que les parties ont entendu comprendre, dans le transport, tous les droits et actions du cédant, sans aucune exception.

En définitive, les juges trancheront la question, en s'inspirant de la pensée commune des parties. (Cass., 22 juin 1830; Sir., 30, 1, 409).

E. Le cessionnaire ne peut pas même exercer les actions en rescision du contrat, autres que celles qui résultent de son inexécution. Il en est ainsi de l'action qui résulte d'un pacte de réméré, car ce n'est pas un accessoire de la créance cédée.

F. Quand le cessionnaire est étranger et que le cédant est français, les règles restrictives de l'article 16 du C. civ., seront applicables et placeront ainsi le cessionnaire dans une situation inférieure à celle du cédant. Le débiteur cédé sera en effet en droit d'opposer au nouveau créancier, l'exception de la caution *judicatum solvi.*

La réciproque est vraie et par conséquent si la cession est consentie par un étranger à un français ce dernier poursuit le débiteur, sans que ses prétentions puissent être repoussées, au moyen de l'exception tirée de l'art. 16. (Dal., V° Exception, n° 37).

G. Quand la créance cédée a le caractère litigieux et que le cessionnaire est capable, sa position des plus périlleuses est incontestablement inférieure à celle du cédant. La loi, en effet, laisse au débiteur cédé une alternative : Ou bien continuer le procès contre le cessionnaire, s'il a confiance dans son droit ; ou bien supprimer la difficulté, au moyen du retrait litigieux, c'est-à-dire rembourser au cessionnaire tout ce qu'il a payé au cédant.

Ainsi, avec ce système, le cessionnaire risque de tout perdre, si le cédé a des moyens de repousser ses prétentions ; et dans le cas contraire, s'il a des chances sérieuses de triompher, il se voit dépouillé par le retrait litigieux du profit qu'il avait espéré.

Nous ne discuterons pas ici quelle est en législation, la raison d'être du retrait de droits litigieux, notre intention n'étant pas de traiter cette matière dans tous ces détails, mais d'en tracer seulement les grandes lignes.

Le retrait litigieux n'est pas une innovation introduite par les rédacteurs du Code ; il y a longtemps qu'on a cherché à arrêter les spéculations honteuses, ayant pour objet des droits contestés en justice ; les Romains avaient déjà deux lois célèbres : *Per diversas et ab Anastasio* (LL. 22 et 23, C., 4, 35), qui ont inspiré les art. 1697 et 1700.

Mais il est bon de remarquer que ces lois s'ap-

.pliquaient à toutes les cessions de créances et que leur étendue a été restreinte par notre ancien droit aux créances litigieuses seulement (Albert Desjardins, *Revue pratique*, t. XXIX, n° 49, p. 456).

Aujourd'hui on peut définir le retrait : « c'est un moyen par lequel le débiteur cédé d'un droit litigieux écarte, en la désintéressant, la personne du cessionnaire. » On voit par là que l'objet du droit litigieux se restreint aux cessions à titre onéreux.

Les cessionnaires à titre gratuit n'y sont pas soumis, car il serait impossible de les désintéresser en leur remboursant un prix de cession. Et puis qu'a-t-on à craindre, lorsqu'il y a donation ? Il est bien évident alors que le cessionnaire n'est plus un spéculateur, cherchant à tirer profit des procès engagés. Si la donation est grevée de charges, on admettra le retrait pour une partie, correspondante seulement à la valeur des charges, (M. Colmet de Santerre, t. VII, n° 146 *bis*, IV, p. 212) parce qu'alors l'opération aura un double aspect, elle sera partie à titre onéreux, et partie à titre gratuit.

Pour que le retrait litigieux, dans le cas de cessions à titre onéreux, soit admis, il faut trois conditions :

1° Que la demande se produise valablement en temps opportun. Or, le retrait est possible tant que le procès n'est pas irrévocablement terminé. C'est ainsi qu'il peut avoir lieu devant un tribunal d'appel, comme devant un tribunal de première

instance (**MM.** Troplong, *Vente*, 92, n° 199. Colmet de Santerre., *loc cit.*, 146 *bis*, IX, p. 213.
Aubry et Rau, t. IV, § 359 *quater*, p. 457.)

Même, le cédé ne serait pas déchu de la faculté
du retrait quand la décision judiciaire, bien que
non susceptible d'appel, est attaquée par le moyen
de la requête civile ou d'un recours en cassation
(Cass., 5 mai 1835, Sir., 35-1-6 27). Mais il faut,
dans ce dernier cas, que l'attaque se soit produite;
la non-expiration des délais accordés pour se
pourvoir en cassation, n'est pas une raison suffisante, si la demande n'a pas encore été formée:
« Attendu que la créance cédée avait été confir-
mée par un arrêt souverain, et que, sous prétexte d'un pourvoi en cassation éventuel, qui n'a
pas été effectué, on ne peut la faire considérer
comme litigieuse. » (Bordeaux, 18 janvier 1839,
Sir., 43, 2, 261).

Toutefois nous faisons une exception à ces règles pour le cas où le cédé, par la faute du cessionnaire, n'a pas connu le transport. Supposons par
exemple, comme la chose s'est présentée dans la
pratique, que l'acquéreur de droits litigieux ait
attendu pour signifier la cession, consentie dans
le cours du procès, qu'un jugement fût rendu en
dernier ressort; dans cette hypothèse, il n'est pas
fondé à arguer de ce jugement, pour se soustraire
anx effets du retrait de l'art. 1699 : « Considérant
que la faculté accordée par l'art. 1699 du C. civ.,
suppose nécessairement un cessionnaire connu, à

qui le débiteur puisse faire des offres de remboursement ; que le droit ne peut, en aucune manière,
être affaibli ni altéré par le silence du cessionnaire
qui se tient caché et reste invisible, dans l'unique
but d'empêcher la demande en subrogation... »
(Dieppe, 14 août 1810; Sir., 12, 2, 63.)

Mais, non-seulement la demande doit se produire en temps opportun ; il faut encore qu'elle
ait lieu valablement, c'est-à-dire dans certaines
formes, établissant que le débiteur cédé se trouve
en mesure de payer le prix rémunératoire de
l'expropriation soufferte par le cessionnaire. Sans
aucun doute, il ne sera pas tenu de faire précéder
ou accompagner la demande de toutes les formalités des offres réelles (Cass., 8 frimaire an XII,
Sir., 4-1-177 et 188. Besançon, 31 janvier 1809.
Sir., 13, 2, 362), mais un procès-verbal de la présentation des deniers sera une condition nécessaire. (M. Colmet de Santerre, *loc. cit.*, p. 214.)

En effet, il faut prouver que le cédé ne s'est pas
contenté de faire au cessionnaire une promesse
de le désintéresser, mais qu'il a mis à sa disposition la somme destinée à cet effet.

Il en est d'ailleurs autrement, quand le cessionnaire n'a pas encore payé son prix de cession ; ici le cédé n'a qu'à promettre au cessionnaire de le rendre indemne de ses obligations
envers le cédant. Les juges auront enfin toute
autorité pour forcer le cédé à donner au ces-

sionnaire des garanties suffisantes. (M. Colmet de Santerre, *loc. cit.*, p. 215.)

2° Que le cédé qui exerce le retrait rembourse au cessionnaire tous ses frais. Il devra rembourser le prix *réel* du transport; en parlant ainsi, la loi a eu pour but d'empêcher une fraude très-fréquente et qui tendrait, par le moyen d'une exagération fictive du prix, à éviter le retrait. Le cessionnaire retrayant sera donc admis à faire la preuve que le prix contenu dans l'acte de cession est contraire à la réalité.

Au prix réel, il faut ajouter les intérêts du prix, à compter du jour du payement, les frais et loyaux coûts du contrat, c'est-à-dire de passation et de signification du contrat, les dépenses occasionnées au cessionnaire par le procès engagé (MM. Aubry et Rau, *loc. cit.*, p. 458).

3° Que le cessionnaire ne soit pas dans les exceptions de l'art. 1701. Nous avons dit que le retrait litigieux était une mesure édictée contre l'esprit de spéculation et de lucre malsain. Il est donc naturel que, dans les cas où cet esprit n'existe pas, le législateur ait fait des exceptions, qu'il a écrites dans l'art. 1701 : « La disposition portée en l'art. 1699 cesse : 1° Dans le cas où la cession a été faite à un cohéritier ou propriétaire du droit cédé ; 2° lorsqu'elle a été faite à un créancier en payement de ce qui lui est dû ; 3° lorsqu'elle a été faite au possesseur de l'héritage sujet au droit litigieux. »

Reprenons ces différents cas :

La première exception vient de ce passage de la loi *Per diversas* : « Exceptis scilicet cessionibus « quas inter coheredes pro actionibus hereditariis « fieri contingit. » Notons que la loi romaine est beaucoup plus précise que la disposition de notre article, car elle excepte du retrait, seulement les cessions *inter coheredes ;* la loi française, si nous nous en tenions à ses termes, semblerait permettre la cession, même lorsqu'elle est consentie par un étranger, à un cohéritier du droit cédé.

Exemple : Pierre et Paul, cohéritiers de la même succession, sont, en cette qualité, actionnés en payement d'une dette de 50,000 francs dont ils contestent l'existence. Si, dans le cours du procès, le prétendu créancier Jacques cède ses droits litigieux à Pierre, celui-ci a-t-il qualité, en vertu du texte de l'art. 1701, pour enlever à son cohéritier Paul la faculté du retrait ? Cette solution est admise par M. Duranton ; après avoir exposé la doctrine de l'ancien droit, il dit : « Cependant le Code ne distinguant pas, nous n'oserions décider de la même manière ; car, dans l'un comme dans l'autre cas, la cession a juste cause.»

Nous pensons, quant à nous, que décider ainsi serait faire prévaloir, à tort, le texte sur l'esprit de la loi. Les rédacteurs du Code, dans l'art. 1701, ont été dominés par l'autorité des anciens principes, et certainement ils n'ont pas songé à la difficulté qu'a fait naître plus tard, chez les interprètes, une tournure de phrase malheureuse.

D'ailleurs, dans quel but aurait-on dispensé du retrait le cohéritier auquel aurait été cédée contre son cohéritier et par un étranger, une créance litigieuse? De deux choses l'une : ou le cohéritier cessionnaire agit dans l'intérêt de son cohéritier, et alors il n'a qu'à se féliciter du retrait, qui supprime les difficultés, tout en le rendant indemne des frais du transport; ou il agit dans son intérêt personnel, et dans ce cas il ne mérite pas qu'on l'excepte des conséquences du retrait litigieux. (MM. Troplong, *Vente*, t. II, n° 1006, p. 514. Aubry et Rau, *loc. cit.*, p. 458. Cass., 18 juillet 1838, Sir., 38, 1, 790.)

Cette donnée admise, nous dirons que le primo de l'art. 1701 s'applique exclusivement à la cession consentie par un communiste à son communiste. Ainsi Pierre et Paul, tous deux héritiers de Jean, trouvent dans sa succession une créance de 50,000 francs contre Jacques; or ce dernier en conteste l'existence. Si, dans le cours du procès, Paul cède à Pierre ses droits, Jacques n'est pas fondé à exercer le retrait litigieux.

La raison de cette exception serait suivant Pothier, de permettre aux cohéritiers de sortir de l'indivision : «... il est évident que cette cession se fait par une juste cause, qui est celle de sortir de communauté. » (*Vente*, n° 593.) Mais, comme le fait remarquer avec raison M. Colmet de Santerre, les créances ne sont pas dans l'indivision ; elles se partagent de plein droit, au moins en principe, entre les divers héritiers. (C. de Sant., *loc. cit.*, n° 148 *bis*, II, p. 220.) Toutefois, nous ne nous associerons pas complétement à la critique de notre savant maître. Nous croyons qu'il y a quelque chose de vrai dans le motif donné par Pothier, et qu'il a d'ailleurs fort mal exprimé.

Les créances, en effet, sans figurer dans la masse indivise, peuvent cependant rentrer dans les opérations du partage ; la preuve se trouve dans l'article 832 : «Et il convient de faire entrer dans chaque lot la même quantité de meubles... de *créances.* » Dès lors, quand un cohéritier cède une créance de la succession à un de ses cohéritiers, il fait un acte qu'il est possible d'interpréter autrement que par l'idée d'une spéculation ; la loi présume que c'est une opération du partage, un règlement entre cohéritiers.

Ce motif suffit à la justification du primo de l'art. 1701 ; cependant on peut ajouter que, dans l'espèce actuelle, si le cédé était admis à invoquer le retrait litigieux, le procès n'en continuerait pas moins sur la portion de la créance non cédée et qui appartenait déjà, avant le transport, au cohéritier cessionnaire; par conséquent, le retrait aurait manqué son but, lequel, nous le savons, est de tarir la source des procès (M. Colm. de Sant., *loc. cit.*, p. 221).

La seconde exception a lieu quand un débiteur

B.   19 cède, en payement de sa dette, à la personne de son créancier, un droit de créance contesté au fond en justice. Pothier (*loc. cit.*, nº 593) faisait une distinction : « Si ce créancier pouvait facilement se faire payer de ce qui lui était dû, autrement que par cette cession, je pense qu'il pourrait être sujet à la peine de la loi et regardé comme acheteur de procès ; mais s'il paraît que ce créancier ne pouvait guère se faire payer autrement... la cession, en ce cas, a une juste cause, qui empêche de pouvoir regarder le cessionnaire comme acheteur de procès. » Le Code n'a pas reproduit cette distinction ; il ne nous est pas permis de la faire. La raison, d'ailleurs, se comprend : le législateur n'a pas voulu que l'exercice du retrait litigieux, dont le but est de terminer les procès, amenât fatalement une contestation en justice. Or, avec la distinction de Pothier, on aurait été forcé de discuter sur le point de savoir si le cédant débiteur du cessionnaire avait pu se libérer envers ce dernier autrement que par la cession de ses droits litigieux.

Cette idée qui, à notre connaissance, n'a pas encore été émise, n'exclut pas lé motif donné par M. Colmet de Santerre et en vertu duquel le législateur aurait tenu à favoriser la libération du cédant en lui accordant à cet égard des facilités plus grandes.

La troisième exception, en matière de cession de créance, a son application dans l'hypothèse suivante que nous lisons dans Pothier : « Lorsque le possesseur d'un héritage poursuivi par un *prétendu* créancier hypothécaire du vendeur de l'héritage achète cette créance (litigieuse), il faut aussi distinguer : si ce possesseur avait un bon garant et qu'au lieu de l'assigner pour qu'il le défendît contre ce prétendu créancier, il achète à bas prix la créance pour faire ensuite un procès à son vendeur, je pense qu'il est dans le cas de la loi et qu'il ne peut rien exiger au-delà du prix qu'il a payé pour cette créance. Mais si ce possesseur est un mauvais garant qui n'eût pu le défendre, je pense que la cession ayant, dans ce cas, juste cause... il pourrait la faire valoir dans toute son étendue. »

Ici encore, le législateur a repoussé la distinction de Pothier, qui aurait donné lieu à des questions de fait d'une appréciation fort délicate. Ainsi, toutes les fois que le détenteur d'un immeuble hypothéqué achète la créance garantie par son fonds et contestée en justice, le débiteur n'est pas autorisé à invoquer contre lui le retrait litigieux ; la cession qui lui est consentie s'explique de la part du cessionnaire, non par la pensée de spéculer, mais par l'intention de libérer son fonds.

Le tertio de notre article a trait encore à la cession des droits réels et donne lieu, dans cet ordre d'idées, à des difficultés plus grandes. Mais comme cet examen nous entraînerait hors du domaine des cessions de créances, nous n'avons pas à l'aborder ici.

Quand toutes les conditions requises pour

l'exercice du retrait de droits litigieux, ont été remplies, l'infériorité de la position du cessionnaire sur celle du cédant, résulte encore de ce fait qu'il n'a pu, même antérieurement au retrait, constituer sur la créance et au profit des tiers, aucune espèce de droit.

Le retrayé est censé, en effet, n'avoir jamais été propriétaire de la créance litigieuse ; les choses se passent comme s'il n'était pas intervenu de transport. Mais ceci n'est vrai que dans les rapports du cédé et du cessionnaire. Au regard du cédant, il en est autrement, car le retrait est une opération à laquelle il n'a pas participé et qui par suite ne saurait lui être opposable. (M. Colmet de Santerre, *loc. cit.*, n° 146 *bis*, XV, p. 216.) Le cessionnaire reste donc débiteur du cédant, et le cédé ne devient pas son ayant-cause. Pour celui-ci, tout est fini, son sacrifice lui a obtenu la libération complète de l'obligation que le cédant prétendait avoir contre lui.

Nous avons réservé, pour la traiter ici, une double question qui se pose dans les termes suivants : Le cédé peut-il exercer le retrait litigieux contre les personnes déclarées incapables par l'article 1597? Et si la chose est possible, qui l'emportera du cédé ou du cédant, dans le cas où ce dernier, postérieurement à l'exercice du retrait, demanderait la nullité du transport?

La première question n'est pas douteuse. Nous avons admis, en effet, que la nullité de l'art. 1597 était relative et que dès lors la cession était valable tant qu'elle n'était pas infirmée par une décision judiciaire. Ce principe posé, les cessionnaires de l'art. 1597 n'ayant pas été compris dans les exceptions de l'art. 1701, demeurent soumis au droit commun, c'est-à-dire aux effets du retrait. Mais alors qui l'emportera, en cas de conflit, entre le cédé ayant exercé le droit de retrait et le cédant demandant la nullité du transport? Ce que nous venons de dire conduit à la solution de la difficulté.

Le retrait en effet, n'étant possible dans l'espèce que sous la condition que la nullité du transport ne sera pas demandée, il ne produira pas de résultats, si le transport est attaqué, à raison de l'incapacité du cessionnaire.

Et qu'on ne dise pas que le retrait a donné, par le fait même de son exercice antérieur, des droits acquis au cédé contre le cédant, car on violerait ainsi ce grand principe, à savoir que les actes d'une personne ne peuvent nuire ou profiter aux tiers. Nous savons en effet que le cédant est demeuré complétement étranger à l'opération du retrait; quant à lui le retrayé continue à être son ayant-cause. Son droit à faire prononcer la nullité reste donc entier tant que la prescription n'est pas achevée contre lui.

Sans doute ce système est préjudiciable au cédé qui souvent à raison de l'insolvabilité du cessionnaire, perdra le prix de cession. Mais il a dû s'attendre à ce résultat et, s'il avait été prudent, il aurait demandé au retrayé des garanties, que ce dernier lui aurait peut-être accordées. D'ailleurs il lui reste, comme à tous les autres créanciers, la ressource de pratiquer entre les mains du cédant, ayant obtenu la nullité du transport, une saisie-arrêt jusqu'à concurrence du prix de cession payé par le cessionnaire et dont la restitution est requise en faveur de ce dernier.

Que si le cédé ne demandant contre le cessionnaire ni la nullité du transport, ni le retrait litigieux, venait à gagner son procès, qu'arriverait-il? Le cédant pourrait-il prétendre que la chose jugée contre le cessionnaire, laisse ses droits intacts? Nous le pensons, toujours en nous appuyant sur les mêmes raisons.

Quant au cédé, au cas où le cessionnaire viendrait à triompher, nous estimons qu'il ne pourra plus demander la nullité du transport ; ce fait qu'il a continué sans réclamations, le procès jusqu'au moment d'une condamnation définitive, nous paraît être de sa part une renonciation tacite et à l'action en nullité du transport, ouverte à son profit, et à la faculté du retrait litigieux.

POSITIONS

DROIT ROMAIN

I. — En droit romain les créances sont incessibles.

II. — Les *privilegia personæ* que le cédant a contre le cédé ne peuvent pas être opposés à ce dernier par le cessionnaire.

III. — Quand la cession a pour objet une obligation alternative, la faculté du choix appartient au cessionnaire.

IV. — Le débiteur cédé peut opposer au cessionnaire l'exception du pacte *de non petendo in personam*, qui lui aurait été consentie par le cédant.

V. — Le débiteur cédé peut opposer au cessionnaire le bénéfice de compétence, qu'il pouvait opposer au cédant.

VI. — C'est le cessionnaire et non le débiteur qui doit prouver le prix de cession pour permettre l'application de la Constitution d'Anastase.

DROIT CIVIL

I. — Les créances alimentaires, soit qu'elles dérivent des rapports de parenté, soit qu'elles aient pour cause le fait d'une donation, doivent être, sans distinction, déclarées incessibles.

II. — La signification, prescrite par l'art. 1690, ne peut être faite par le ministère d'un notaire ; les huissiers seuls sont compétents à cet égard.

III. — L'acceptation non authentique du transport faite par le débiteur cédé, emporte à son égard, transmission de la créance au cessionnaire.

IV. — Les tiers, dans le sens de l'art. 1690, sont les personnes seulement qui ont intérêt à contester la cession, ayant eu intérêt à la connaître.

V. — La définition des droits litigieux, de l'article 1700, est applicable aux droits litigieux de l'art. 1597.

VI. — Quand la signification du transport a lieu entre deux saisies-arrêts, il faut distinguer. La cession a-t-elle pour objet la totalité de la créance, le second saisissant, faisant alors opposition entre les mains d'une personne qui ne doit plus rien à son débiteur, ne peut rien demander au premier saisissant. La cession a-t-elle, au contraire, pour objet une partie seulement de la créance, la seconde saisie-arrêt est valable, jusqu'à concurrence de la valeur de l'autre partie. Le premier saisissant prendra alors la somme qui lui aurait été allouée, dans une collocation avec deux saisissants; le cessionnaire touchera la somme qui lui serait donnée, dans le cas où il n'y aurait pas de deuxième saisissant; le deuxième saisissant sera réduit à prendre le reste.

VII. — Le cessionnaire qui a touché le prix de la créance, dans des conditions où le cédant, s'il avait été payé, aurait été soumis, de la part du débiteur, à une *condictio indebiti*, sera pareillement tenu d'une action en répétition.

VIII. — Il faut, pour se trouver dans le premier cas d'exception, prévu, en matière de droits litigieux, par l'art. 1701, que la cession ait été faite par un cohéritier à son cohéritier.

IX. — L'exercice du retrait litigieux contre les incapables de l'art. 1597, n'empêche pas le cessionnaire de demander la nullité du transport.

X. — La vente de la chose d'autrui n'est pas frappée d'une nullité absolue, mais est rescindable pour cause d'inexécution, par le vendeur, de l'obligation de transférer la propriété.

XI. — L'étranger né en France de parents étrangers et qui, dans l'année de sa majorité, a fait la déclaration prévue par l'art. 9, n'est pas réputé Français du jour de sa naissance, mais du jour de sa déclaration seulement.

DROIT DES GENS

I. — L'Etat requis doit refuser l'extradition, quand la prescription s'est accomplie, soit d'après la loi de l'Etat requérant, soit d'après sa propre loi.

II. — Le fait de porter à l'un des belligérants des marchandises de guerre, est une rupture de la neutralité. Mais il en est différemment de la vente de ces objets faite par le neutre chez lui, à l'un des belligérants.

DROIT CRIMINEL

I. — Le duelliste qui tue son adversaire, ne peut pas prétendre en morale qu'il était en état de légitime défense.

II. — Quand la Cour d'assises statue par défaut, les circonstances atténuantes sont admissibles en faveur du contumax.

Vu par le Président de la Thèse,
COLMET DE SANTERRE.

Vu pour le Doyen absent :
VALETTE.

Vu et permis d'imprimer :
Le Vice-Recteur de l'Académie de Paris
A. MOURIER.

Paris-Vaugirard. — Typ. N. Blanpain, 7, rue Jeanne.

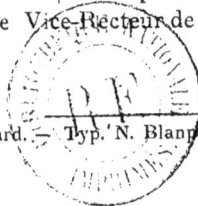

www.ingramcontent.com/pod-product-compliance
Lightning Source LLC
Chambersburg PA
CBHW060422200326
41518CB00009B/1445